21世紀をつくる 人を幸せにする会社

坂本光司＋価値研

Discover
ディスカヴァー

はじめに

先般、福岡空港から羽田空港に向かう飛行機の中である新聞を眺めていると、有名な大学に所属する著名な経営学者と大手企業の経営者との対談記事が2面にわたり掲載されていました。タイトルは「新時代の経営者に求められること」でした。

リーマンショック、東日本大震災を経て、日本人の生き方や働き方、そして企業の評価のモノサシも明らかに変わってきていることを実感していたので、興味を持って読みはじめました。

しかしながら、最初の数行を読んで、私はため息をつき、新聞を閉じました。

というのは、その対談では、まず司会役の経営学者が「企業経営の目的は、企業の永続的な利益を創出すること……」と定義し、相方の大手企業経営者に「そのために重視していることは何か」と問いはじめたからです。

その経営学者は学会では第一人者といわれ、各界各層への影響力の大きい方なので、正直なところ、私はその内容を苦々しく思いました。

「日本のさまざまな企業の経営者がこのような記事を信じて経営を実行したり、あるいは、こうした経営学を学んだ学生たちがやがて社会に出て、企業の管理者や経営者に就いたりすることになれば、この国は永遠に変わらない……」

「企業経営とは何か」。このことについては、さまざまな議論がありますが、これまでの企業経営に対する考え方は、「企業の業績を高めるための活動」「企業を成長発展させるための活動」「ライバル企業を打ち負かすための活動」さらには、「業界で一番になるための活動」などといわれてきました。

しかしながら、こうした企業経営の理解と認識は、決定的に間違っていたと思います。そうした間違った理解と認識の下で経営活動が進められてきたことが、こんなにも荒んだ、またギクシャクした組織や産業社会をつくってしまったのです。

業績や成長、あるいはランキングや勝ち負けの過度な追求や、組織内での行き過ぎた成果主義は、必ずといっていいほど、誰かを不幸にします。これは当然です。業績や勝敗を追い求めれば、誰かに過度な無理・負担がかかってしまうし、負けた企業や、負けた人、その家族をも路頭に迷わせ不幸にしてしまうからです。

事実、組織や社会になじめず精神的に病を抱える人が年々増加傾向にあり、近年ではとうとう100万人を上回るようになりました。そればかりか、生きていくことに耐えられず、その苦しみや悩みを誰にも相談できず、自らが自らの命を絶つ人々が、13年連続して3万人を超えています。こうしたことは先進国共通の現象では決してありません。悲しく恥ずかしい話ですが、日本の人口あたりの自殺者は先進国中でもっとも多いのです。

私たちが住む地球上では、飢えに苦しみ餓死している人や、冷酷な自然現象に耐えられず命を落とす人々が、毎日およそ3万人もいるといわれています。しかしながら、わが国においては「食べるものがない」「住む家がない」といった経済的理由や自然上の理由ではなく、心の病で、毎日多くの人々が自殺をしてしまっているのです。

先人たちは決して、こんな世の中を夢見て懸命に働いてきたわけではありません。経済的あるいは物質的豊かさや勝敗をモノサシに、それを過度に追い求めてきた結果、また、極端な勝ち負けを生んでしまう、行き過ぎた競争社会・成果主義社会のなかで、私たちはいちばん大切にしなければならないことを、どこかに忘れてきてしまったのです。もとよりいちばん大切にしなければならないことは「幸福」であり「利他の心」であり「愛」であると思います。

「企業経営とは何か」という問いに、話を戻しましょう。私は「企業経営とは、5人に対する使命と責任を果たすための活動」と定義しています。そして、その使命と責任とはすなわち、「幸福の実現」「幸福の追求」であると思います。つまり、企業経営とは、「5人の幸福を実現するための活動」ということです。5人とは、以下の人々をさします。

第一に「社員とその家族」
第二に「社外社員とその家族」
第三に「現在顧客と未来顧客」
第四に「地域社会・地域住民」
第五に「株主・出資者」

企業の業績も成長も、またランキングや勝敗も、企業経営の目的そのものではなく、その企業が5人に対する使命と責任である「幸福の実現」を果たしたか否かの、結果現象に過ぎないのです。もっとはっきりいえば、それらの成果は、5人が経営者に与えたご褒美・通信簿といっても過言ではありません。

「5人」について、もう少し説明をしましょう。

第一の「社員とその家族」とは、現在、縁あって会社に勤務してくれている社員と、その社員を支える家族のことです。もとより、この場合の社員とは、当然ながら正規社員／非正規社員を問わず、です。

第二の「社外社員とその家族」とは、協力企業とか仕入れ業者とか、あるいは下請けなどと呼ばれている外部企業で働く社員と、その社員を支える家族のことです。

第三の「現在顧客と未来顧客」とは、定期不定期を問わず、自社商品を気に入って購入してくれる、あるいは将来的にしてくれるかもしれない企業や個人のお客様のことです。

第四の「地域社会・地域住民」とは、社員でも顧客でもなく、同じ地域に住んでいる人々のことです。とりわけ、困っている人々や助けを求めている人々、より具体的にいえば、障がい者や高齢者のことです。

第五の「株主・出資者」とは、その企業に資本や資金を提供してくれている機関や、そこで働く人々のことです。

この5人のなかでも、経営者がとりわけその幸福実現を図らなければならない相手は、第一から第四の人々です。というのは、5人目の株主や出資者の幸福は、総じて企業の業績や成長であり、業績や成長は、第一から第四の人々が創造してくれたり、ご褒美として与えてくれるものだからです。

もっとはっきり言えば、第一から第四の人々が「幸福である」と感じるようになれば、企業の業績は間違いなく高まります。このことは私の過去40年間に訪問調査させていただいた6600社余の企業でも、例外など一社もありませんでした。

第一から第四の人々のなかでも特に重要なのが、「社員とその家族」と「社外社員とその家族」です。なぜならばこの2人こそ、顧客や地域住民、さらには株主等の幸福を実現する主体者だからです。この2人が存在しなければ、顧客や地域住民が感動するような新しい価値を創造したり、提案したりすることはできないからです。

もとより、CS（顧客満足度）は、その組織の盛衰を決定づける重要なものです。顧客に嫌われた企業や商品に未来がないことも当然です。だからこそ、社員とその家族に対する満足度を高める経営がより重要となります。つまり、ES（従業員満足度）なくしてCSは困難です。CSが大切だからこそ、ESは一段と大切となるのです。

しかしながら現実には、多くの企業において、5人の幸福の実現にとって、どう考えても正しくない不自然な言動が繰り返されています。

不況で業績が悪化したからと、正規非正規を問わず、希望退職や人員整理等のリストラを平然と行う企業は後を絶ちません。また自社の業績を維持し高めるため、下請企業や仕入先に一方的かつ大幅なコストダウンを要請する企業も依然多々あります。

しかも、人員整理を行い下請企業に対して大幅なコストダウンを強要した企業の社長や幹部社員は、自ら職を退いたり給料を下げたりすることはせず、その後も平然と指揮を執っているのです。つまり、犠牲になるのはいつも決まって一般社員や、パート・嘱託社員・派遣社員といった非正規社員、さらには、何ら罪もない下請企業や仕入先企業の社員なのです。

しかし、考えてもみてください。リストラをされたり、一方的かつ大幅なコストダウンを強要された人々が幸福を感じることなどありえないのです。幸福を感じないどころか、その企業や組織に憎しみすら抱くでしょう。どんな事情があろうとも、家族同様である組織の同志を引き裂くようなリストラは、正しいことでも、自然なことでもないからです。

ところで、私が企業経営の目的・使命は「利益の創造」ではなく、「人の幸せの創造」であると理解し認識するようになったのは、今からおよそ30年ほど前です。

当時、静岡県内企業を中心に、私は2000社以上の大企業・中小企業の現場を見て歩いていました。その大半は、好不況で業績がぶれまくる、いわゆる「景気連動型企業」や、好不況に関係なく業績をほとんど高めることのできない、いわゆる「構造的不況企業・万年不況企業」でした。

一方で、現場を多く見れば見るほど、少数ですが、好不況に全くぶれることなく好業績を続けている企業が存在していることも分かってきました。その割合は、10社中1社程度、つまり1割でした。しかもこうしたいわゆる「景気超越型企業」は、どんな業種・業態にも、またどんな企業規模においても存在していたのです。

当時の多くの経営者や行政機関の中小企業観はというと、中小企業＝「経済的弱者」であり、中小企業の業績のブレは「景気がもたらす」ものであり、中小企業問題の大半は「内ではなく外」にあるといった見方が支配的でした。そのため、これら1割企業の存在は、なかなか世に伝わっていきませんでした。また、たとえ知られていたとしても、その企業はあくまで例外扱いでした。

しかしながら、私の行動範囲が全国に拡大していくにつれ、こうしたタイプの企業がある特定の地域ではなく、少数派ながら全国どこにでも存在していることが次第に明らかになっていきました。私はこれら1割企業の経営を深掘することに、限られた時間の多くを使うことにしました。そしてこのおよそ30年間、全国各地の1割企業の現地調査を重ねてきました。

すると、そうした1割企業は、経営ばかりか、社内の空気までもがあまりに共通しているという事実に気がつきました。

その最たる共通項をあえて挙げると「人本経営」「継続重視経営」「感動経営」「社会貢献重視経営」「家族的経営」「理念経営」「ネットワーク経営」「非価格競争経営」といったことです。今回、本書で取り上げさせていただいた企業が、まさにそうです。

さて、本書執筆のきっかけは3年前にさかのぼります。2008年に私が著した『日本でいちばん大切にしたい会社』(あさ出版)です。この本で私は、「経営の目的は人を幸せにすること、いちばん大切にしなければならない人とは、株主でも顧客でもなく、社員とその家族、地域社会に暮らす弱き人々です」と書きました。

この本を出版と同時に読んでくださった鎌倉投信の鎌田社長と新井取締役が、私が講師を務めた講演会に参加してくれました。お二人は会終了後の名刺交換の席で、「お暇なときにお読みください」と言って、1枚のメモ用紙を私に渡してくれました。

メモを背広の内ポケットに入れ、自宅に帰る新幹線のなかで、それを読ませていただきました。それは、株価には正直なところまったく関心がなく、株式市場に多少違和感をもって生きてきた私に、衝撃を与える内容でした。「これほどまでに真摯に投資家のこと、会社のこと、そして地域社会の幸せを願っている投資会社があったとは……」と心から思うとともに、ここにも同志がいたかと、心から嬉しくなりました。

この日をきっかけに鎌倉投信さんと私の研究室は急速に近づいていきました。この人たちなら一緒にやれると確信したのは、鎌倉投信さんの本社を訪問させていただいたときからです。本社は、鎌倉の閑静な住宅街にひっそりとたたずむようにある古民家でした。私は「これが投信会社か」と絶句し、そして、この人々は本気で世の中を変えようとしているのだと心から思いました。

そうして話は発展し、２００９年度からは両機関が担当者を出し合って、「価値ある企業の指標の策定に関わる研究会」を共同設置しました。主たる目的は、価値ある企業の客観化と、価値ある企業を紹介した本を出版することで、価値ある企業を増加させることにあります。研究会は鎌倉投信側から鎌田社長と新井取締役、そして坂本研究室からは、十数名の院生や研究生が参加し、この約3年間「価値ある企業とはなにか」を議論するとともに、価値ある企業を定量化するため、全国の企業への膨大な数のアンケート調査や、価値ある企業と認められる企業への現地ヒヤリング調査を行ってきました。

議論や作業は、鎌倉投信の本社や、法政大学市ヶ谷キャンパスの講義室で行いました。時間は、大学院の「プログラム演習」（ゼミ）が終了する土曜日の18時半以降でした。こうして3年がかりでまとめ上げたのが本書です。

本書は2章で構成してあります。まず第一章では、「21世紀をつくる『価値ある企業』

像」と題し、とかく漠然とした「価値ある企業」の姿を、これまでの研究成果を踏まえ、見える化・客観化しました。

第二章では「21世紀をつくる『価値ある企業』の実例」と題し、12社の実践している経営学について現地取材を踏まえ、述べました。

執筆は、鎌倉投信の鎌田社長と新井取締役、そして坂本研究室のメンバーが分担し行いました。また全体調整は、本書出版プロジェクトメンバーである徳丸さん、富永さん、亀井さん、藤井さんたちが、出版社ディスカヴァーの千葉さんのアドバイスを得つつ行いました。これらメンバーにはこの場を借りお礼申し上げます。本書が、この国に価値ある企業を飛躍的に増加させることに少しでもお役に立てれば幸いです。

ここで読者の方々にどうしても伝えたいことがあります。それは本書の内容に関してではなく、本づくりに関してです。

私たちは本書に関して、ある2点において、私たちの主張を貫かせてもらいました。そのひとつは「しおり」であり、もうひとつは文中の「イラスト」です。

まず本の「しおり」は、札幌の「丸吉日新堂印刷」（北海道札幌市）に依頼し、制作していただきました。ここで使っている紙は、バナナの茎が30％入ったエコロジーペーパー、通称「バナナペーパー」です。この紙に混ぜられているバナナの茎は、ザンビアで貧困な生活を送る女性たちが加工してくれたものです。丸吉日新堂印刷の阿部社長は、彼女たちの命と生活を守るため、仲間と技術指導しつつ、あえて輸入しているのです。価格の問題で本文用紙やカバー、帯に使うことはかないませんでしたが、なんとしても貢献せねばと「しおり」に使わせていただきました。

もうひとつは「イラスト」です。本文に掲載した数点のイラストは、鎌倉投信も坂本研究室でも応援し続けている鹿児島市の「ラグーナ出版」にあえて依頼し描いていただきました。作者はペンネーム「星礼菜」さんです。ラグーナ出版は、精神科医の森越さん（会長）や精神保健福祉士の川畑さん（社長）たちが「精神障がいは、病院でも薬でも治すことはできない。唯一の治療は、働いて社会参加すること。私たちはその場を作りたい」と、病院を退職して立ち上げた出版会社です。この国の宝のような立派な会社を、私たちは見て見ぬふりはできません。

それは、私たちはいつも「私たちができない正しいことをしている人々がいたならば、私たちがやるべきことは、その人々を支援することである。そして、その人々に降りかかってくる熱い火の粉を振り払ってあげることである。私たちは決して、傍観者であってはならない」を行動の原点にしているからです。

その意味で本書は、「鎌倉投信」「丸吉日新堂印刷」「ラグーナ出版」そして「法政大学大学院坂本研究室」の合作といっても過言ではありません。

最後になりますが、本書に取り上げさせていただいた企業の経営者や担当者におかれましては、業務ご多忙の折、取材や執筆さらには校正等に多大なご迷惑をかけたにもかかわらずご協力をいただき、この場をお借りし熱くお礼申し上げます。

またこうした趣旨に賛同いただき、本書の出版を快諾してくださったばかりか、内容や校正において貴重なご意見をくださったディスカヴァー社にも、心よりお礼申し上げます。

平成24年5月

価値ある企業の指標の策定に関わる共同研究会座長
法政大学大学院政策創造研究科教授
坂　本　光　司

21世紀をつくる　人を幸せにする会社　もくじ

第一章

21世紀をつくる「価値ある企業」像

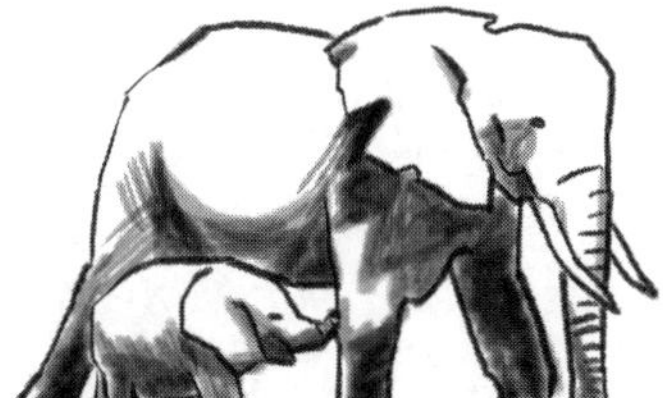

顧客創造の源泉は「人・モノ・金・情報」から「共感資本力」へ

日本には、ざっと500万社の企業があるといわれています。そのうち、中小企業が占める割合は99・7％、全体の70％の雇用を生みだしているのですから、日本はいかに多くの経営者に支えられているかが分かります。

また、老舗企業が多いのも日本の特徴です。創業200年を超える超老舗企業の数でみると、世界全体の40％を占めるといいますから、時代変化に対応した日本企業のしなやかさに驚きを禁じ得ません。

しかし、「現実は、そんなに甘いものではない」――そんな経営者の悲痛な叫び声が聞こえてきそうです。確かに、創業してから5年間存続する企業は20％、10年間存続する企業は5％、30年間存続する企業はなんと0・1％にも満たない、というのが経営者に突きつけられた厳しい現実です。

とりわけ日本企業の経営を取り巻く環境は、新興国の台頭や世界の財政金融危機のあおりを受けて一段と厳しさを増しています。東京商工リサーチの調査によると、1000社に数社しかない輝かしい歴史を誇る社歴30年以上の企業でさえ、2006年をボトムに倒産件数が上昇しているのですから。

こうしたなかで「これからの将来ビジョンをどう描けばいいのだろうか？　社内に活気がない。誰も自分の話に耳を傾けてくれない」などと嘆き悩む経営者が多くいます。また、「自分の人生の目的は何なのだろう？　何のために仕事をしているのだろう？　社会の役に立っているのだろうか？」と仕事のやりがい、生きがいを見失って、夢や希望を持てずにいる社員も少なくないでしょう。

にもかかわらず、その一方で、同じ日本にいて、同じように厳しい環境下、同じように厳しい条件下でありながら、どうして、高い利益を出せる企業とそうでない企業があるのでしょうか？　どうして、活気にみなぎる企業とそうでない企業があるのでしょうか？　どうして、社員が嬉々として働き、笑顔に満ちあふれた企業とそうでない企業が存在するのでしょうか？

その違いは、いったいどこにあるのでしょうか？

法政大学大学院・坂本光司研究室と鎌倉投信の共同研究「価値ある企業の指標の策定に関わる共同研究会（通称：価値研）」は、そうした素朴な疑問をひもとくことから始まりました。私たちが今まさに直面している大きな時代変化のなかで、

・企業は何のために存在するか？
・企業が求めるものは何か？
・企業が大切にすべきものは何か？
・企業はどのような価値を生みだしていくべきなのか？

といったことが、価値ある企業とは何かを研究することによって見えてくるように感じたからです。

そして、価値研を通じておぼろげながら見えてきた答えがあります。最終的に利益を生みだす源泉は、よく言われる「人・モノ・金・情報」から、目に見えない「共感資本力」へと移り変わってきているということです。

経営理念や価値観を土台にして社員一人ひとりの個性や能力を引き出し、いい商品、いいサービスを創造し、社員の間、企業と取引先や顧客との間を共感を媒介にして深く結び、らせん的発展を創りだしているのです。

共感資本は顧客を創造する源泉である

人は「これだ！」「すごい！」と身が震えるような〝感動〟、そして〝共感〟を覚える瞬間があります。

企業と顧客との関係においては、ひとつは、〝こうあったらいい〟〝こうありたい〟という自分の価値観や願望が、企業の理念やビジョン、その商品やサービスに重なっている！と感じた瞬間です。

そして、もうひとつは、〝人格を刻みこむような仕事ぶり〟を見て、その生き方、あり方に深い感銘を受けたり、〝期待をはるかに超えるサービスや商品〟に巡りあった瞬間です。本気の仕事、ひたむきに仕事に打ち込む姿は、時として鳥肌が立つような感動を与えます。そして、顧客は、共感に対して、金銭だけでは測れない価値を見出して、自らがメディアとなって社会に伝播させてゆくのです。

たとえば、第二章で紹介する衣類、雑貨の通販を手がけるフェリシモは、月に一回商品を届けるフェリシモ・コレクションを主力にしています。ある程度まとめて出荷するのは、物流に係る環境負荷にも配慮したものです。その分、利便性は低下し、顧客サービスの低下につながるというのが一般的な発想です。しかし、フェリシモの顧客は異なります。経営理念である「ともにしあわせになるしあわせ」、持続的な〝より良い社会の実現〟、自分たちも〝一緒になってつくること〟に共感して品物を購入しているからです。

利便性よりも、より良い社会を共に実現することの喜び、参画することに価値を見出しているのです。

ドライで冷たいイメージがある金融の世界でも、顔が見え、対話をし、信頼に根ざしたあたたかな金融のあり方が、小さいながらも共感を通じた広がりを見せています。

２０１２年３月に上場した生命保険会社「ライフネット生命」は、戦後日本で初めて独立系生命保険会社として認可されました。今までの生命保険の常識を覆し「正直に わかりやすく 安くて 便利に」をモットーに、全国行脚、出版、ソーシャルメディアを通じて、経営理念を丁寧に伝えることで、ファンをつくり、共感され、支持される「ライフネット」ブランドをつくっています。

損害保険の分野では、「それぞれの命が持つ個性の違いを互いに尊重し合い　分業協力

することで　世界中に『ありがとう』を拡大します」を理念に掲げるどうぶつ保険の会社「アニコムホールディングス」も、お客様と「見える」「話せる」オープンな関係を築いています。実感でき、つながりのある保険のあり方を目指しているのです。「ペットはいません　家族ならいますが」。アニコムは、どうぶつは家族であるという想いを毎朝の朝礼で欠かすことなく唱和しています。アニコムの社員は、家族のようにどうぶつを愛するお客と一緒に、大笑いをし、そして時には共に涙を流すのです。

手前味噌になりますが、22世紀につながる価値を多くの人とともに創造しようという想いの投資信託「結い２１０１」の運用と販売を行う鎌倉投信は、広告宣伝を一切行っていません。しかし、約2年前に募集を開始してから口コミで顧客が広がり、今は３０００人ほどが参加しています。これは、「投資は単に利殖の手段ではない。まごころのこもったお金の循環は、社会の持続的な発展につながるのだ」という〝資産形成〟〝社会形成〟〝こころの形成〟につながる投資の本来のあり方に共感する人が多いからにほかなりません。

「共感資本」が顧客を生みだす源泉になる事例は、海外にも多くみられます。

たとえば、神奈川県鎌倉市に日本支社の本店を置き、登山、スキーやサーフィンなどさまざまなアウトドア用品の製造・販売を行う「パタゴニア」は、環境の保全、すなわち当社が目指す社会のありたい姿を示し、共感力の柱にしました。

パタゴニアの経営理念は、「最高の製品を作り、環境に与える不必要な悪影響を最小限に抑える。そして、ビジネスを手段として環境危機に警鐘を鳴らし、解決に向けて実行する」。環境の維持・改善は、自然を対象にしているパタゴニアにとっては、決して本業と切り離して考えることのできないテーマです。

そこでパタゴニアは2001年、「1%フォー・ザ・プラネット」と呼ぶ組織を立ち上げました。これは自然環境の保護および回復を精力的に推進する人々に対し、少なくとも売上の1%を寄付すると誓約する会社同盟であり、環境保護グループへ寄付することにより環境保護活動を増大させることを目的としたものです。

このような行動は、環境意識の高い人の共感を呼びました。「1%フォー・ザ・プラネット」の全世界での加盟団体数は年々増加し、結果としてパタゴニア自身の売上を押し上げています。パタゴニアのウェアを着ることは、「パタゴニアの一員として〝ありたい姿〟を共につくる仲間」であることの証であり、一種の誇りでもあるのです。

■図1-1　パタゴニアが立ち上げた「1％フォー・ザ・プラネット」の加盟団体数

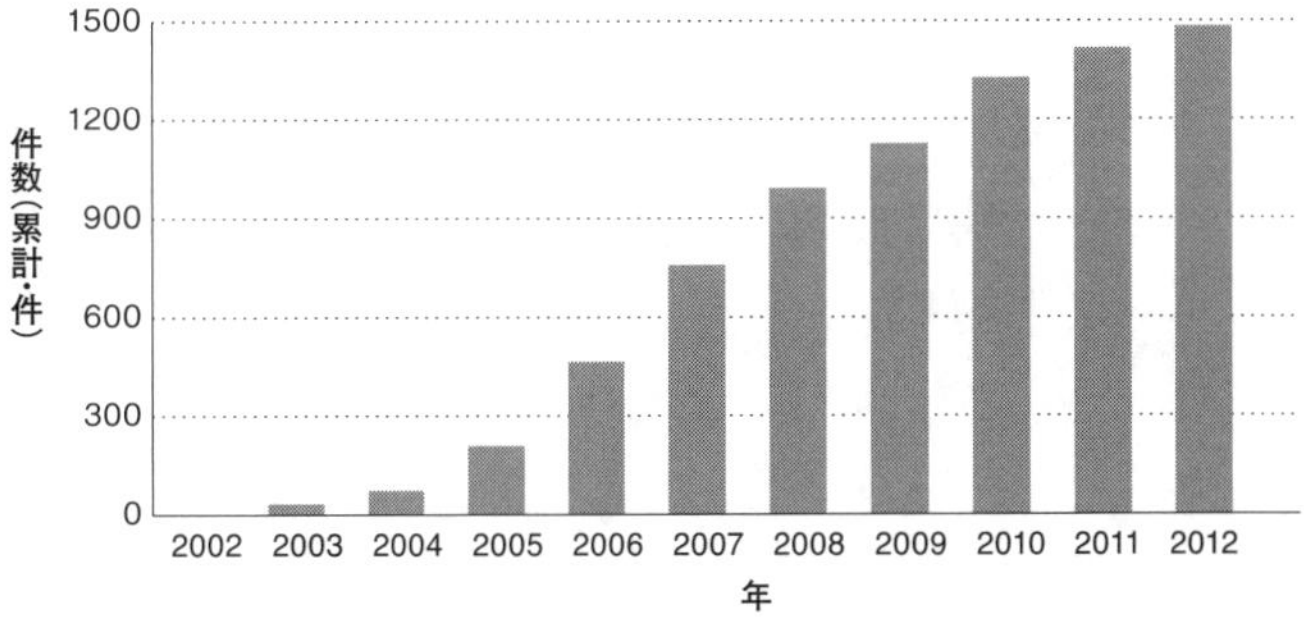

■図1-2　パタゴニアの売上高

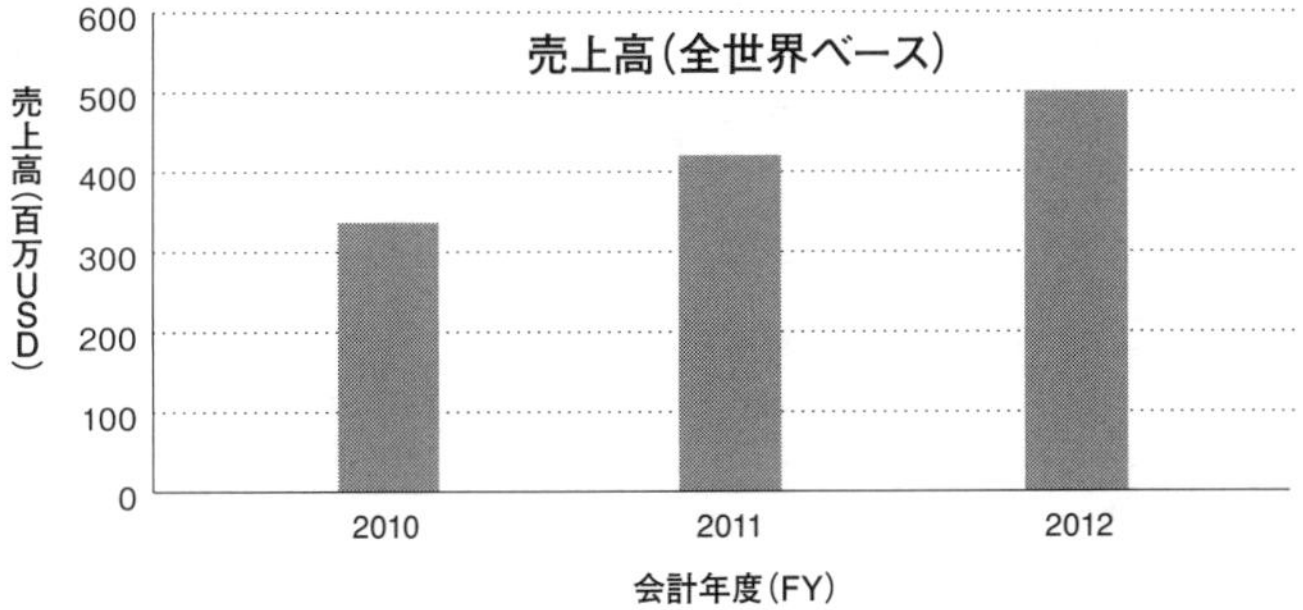

「ワオ！　という驚きの体験を届ける」を全社員が共有する価値観として掲げる米国1位のオンライン靴店「ザッポス」は、価格競争をせず、割引クーポンやキャンペーンもありません。ただひたすらに〝顧客の期待を常に超えるサービスと体験〟で「ワオ！」を届け、〝顧客とのオープンな対話〟を通じて感動を与え、共感を創造し、創業からわずか10年にして年商10億ドルの売上を達成したのです。

ザッポスのコールセンターは、マニュアルがないことでも有名です。唯一のミッションは、「顧客に感動の経験を届ける」。「自社に在庫がなければ、他社サイト3社以上をチェックしてあれば顧客に伝える」「顧客の商品選びに6時間付き合う」などの伝説が次々と生まれるのも不思議ではありません。

ザッポスCEOのトニー・シェイのツイッターフォロワーは、実に240万人。常に、人とのつながりを大切にしている努力のあらわれでもあります。

常識は、単に過去の時代につくられた小さな思考の枠に過ぎない

進化論で有名なダーウィンは、こんな名言を残しました。

「もっとも強い者が生き残るのではなく、もっとも賢い者が生き残るのでもない。唯一生き残るのは、変化できる者である」

企業経営に当てはめると、〝変化できる者〟とは、いかなる変化にも耐え得る普遍的な底力を持ち、時代の流れに適合する柔軟性を備え、そして時として、変化そのものを創りだす創造力ある企業といえるでしょう。そうした企業は、はじめのうちは〝業界の〟常識人からみると、業界の辺境にいる異端児であることも少なくないのです。

特に社会のありようが大きく変わろうとするとき、今まで業界の非常識だといわれたことや弱みだと思われていたことが、それを突き詰めることによって、いつの間にか他社の追随を許さない圧倒的な優位性になることが少なくありません。そうした変化は、すでに社会のあちらこちらで、静かに、しかし確実に起きているのです。

「〝弱み〟という先入観は、視点を変えると他にはない〝強み〟である」

価値ある企業は、そのことにも気づかせてもくれます。弱点とは、必ずしも人に限ったものではありません。消費者向けのビジネスにとって、人口の少ない地域は弱みになります。3Kと呼ばれる仕事は、医者や弁護士などと比べると社会的地位が低いと思われがちです。流通業者が、〝商品にならない〟と捨ててしまうような食材は、魅力的なものに映りません。こうしたこともまた、弱所、弱点といえるでしょう。

しかし、〝常識〟とは、単に過去の時代につくられた小さな思考の枠に過ぎません。第二章で紹介する価値ある企業は、このことを証明してくれるでしょう。

大都市圏から遠く離れて過疎化が進む地域でありながら、全国トップクラスの集客を誇る自動車教習所が島根県にある人口わずか5万人ほどの市に存在します。ビルやトイレの清掃の仕事に、夢と誇りに満ち満ちて働く社員がいる会社が高知県にあります。商品にならないと捨てられるような鮮魚だけを取り扱って、漁師と消費者の笑顔を直接つないでいる会社が大阪にあります。それらは、すべて、弱みを強みに変えた価値ある企業です。しかも、そのいずれもが高収益企業なのです。

価値ある企業の商品やサービスの本質は、目に見える価値を超えた、目に見えない価値にあります。経営理念の先に見えるより良い社会、商品・サービスに込められた働く人の想い、共につくり、共に感じ、参画することの喜びこそが、価値ある企業の商品にほかなりません。それを生みだしている企業資源が、後で紹介する「経営理念力」「人財育成力」「信頼形成力」、そして、そこから生まれる「共感資本」なのです。

共感には、顧客や取引先を通じて、商品やサービスの良さを社会に発信する伝播力があります。顧客のメディア化です。分かりやすくいうと「口コミ」です。周りの人に語りかけたくなるような、ついつい自慢してしまいたくなる良さがその商品やサービスにあれば、社会に共感の輪が広がり、さらには、たらいの水紋が反響してまた内側に戻るように、社員のやる気に火を灯します。こうして、企業と顧客、取引先が共感という軸でお互いに影響を与え合い、関係性を深め、らせん的発展を描くのです。

「価値ある企業」とは何か

価値研は、価値ある企業像を探ろうと、まず、日本全国の中小企業4500社を対象にアンケート調査を実施し、712社から有効回答を得ました。次に、今の厳しい経済環境のなかでも、売上高経常利益率（以下、「利益率」）が安定して高い企業に着目しました。まずは、高収益企業の利益の源泉をたどることで、困難な時代を生き抜くヒントが見つかると考えたのです。そして最後に、数十社近い企業を訪問しヒヤリング調査を行いました。

その結果、大きく変貌を遂げる21世紀の社会において発展すると思われる〝価値ある企業〟の姿や、そうした企業が大切にしている〝価値〟とは何かが、おぼろげながら見えてきました。

調査を進めるうちに見えてきた価値ある企業の姿とは、次のようなものでした。

【価値ある企業像①】『社会共通の価値』を創造している

価値ある企業は、財務上の利益のほかに、財務諸表では表すことができない『社会共通の価値』を生みだしています。

『社会共通の価値』とは、次の3つの価値の総称です。

①社員など人を大切にすることによって生みだされる〝こころの価値〟
②地域社会、自然や環境、伝統や文化、教育などへの貢献によって生みだされる〝社会の価値〟
③会社の活動を通じて、国や自治体の負担が軽減されることによって生みだされる〝公共の価値〟

【価値ある企業像②】目に見えない3つの『企業資源』を大切にしている

価値ある企業は、社会共通の価値を生みだす元となる『企業資源』を大切にし、結果として、目に見える〝価値〟、すなわち〝利益〟をもたらしています。社会共通の価値を生みだす元となる『企業資源』とは、次の3つです。

①正しい経営理念を浸透させる〝経営理念力〟
②社員のやる気を高める〝人財育成力〟
③社員同士、社員の家族、取引先や地域社会などとの絆を結ぶ〝信頼形成力〟

【価値ある企業像③】目に見えない3つの企業資源は『共感資本』をつくっている

価値ある企業は、3つの企業資源を育むことによって、人を惹きつける〝共感力〟を創りだしています。共感は、価値ある企業と、顧客や取引先など、それに関わる人が共鳴しあって伝播し、同じ価値観や感動の輪を社会に広げながら社会共通の価値をつくりだしています。

つまり、目に見えない3つの企業資源は、いわば〝共感力〟を生みだす源、すなわち『共感資本』ともいえるのです。

【価値ある企業像④】共感資本を媒体に『価値のらせん的発展』を描いている

価値ある企業は、「社会共通の価値」をもたらす「共感資本（経営理念力×人財育成力×信頼形成力）」を育み、共感を媒介にして顧客を創造しています。そして、同じ共感の価値観を持った顧客は、同時に社員にとって働く喜びや誇りを感じさせてくれる貴重な存

■図1-3　価値ある企業は、社会共通の価値を創造している

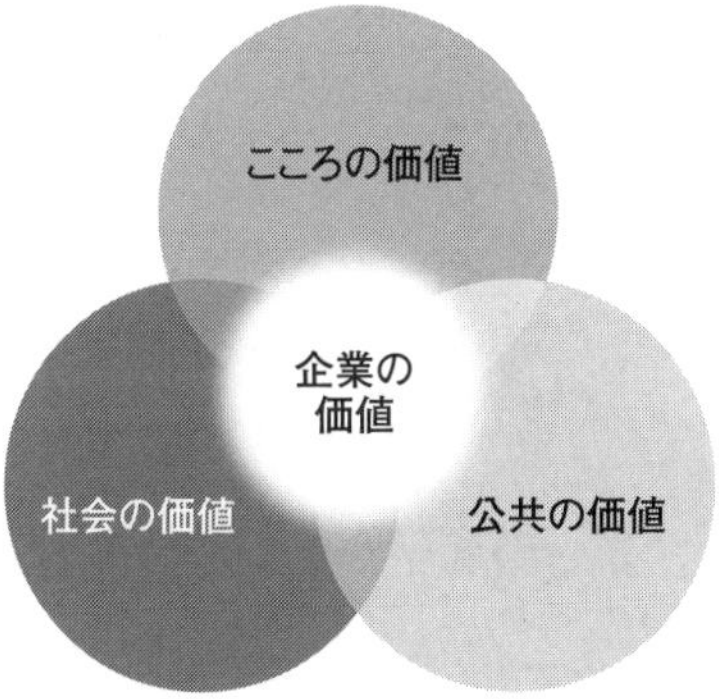

■図1-4　目に見えない3つの企業資源が「共感資本」をつくる

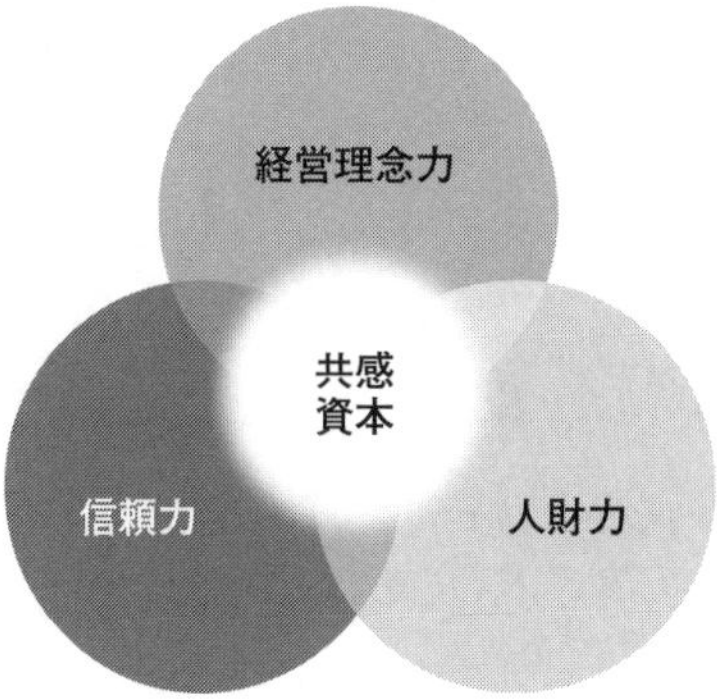

■図1-5　価値スパイラル概念図

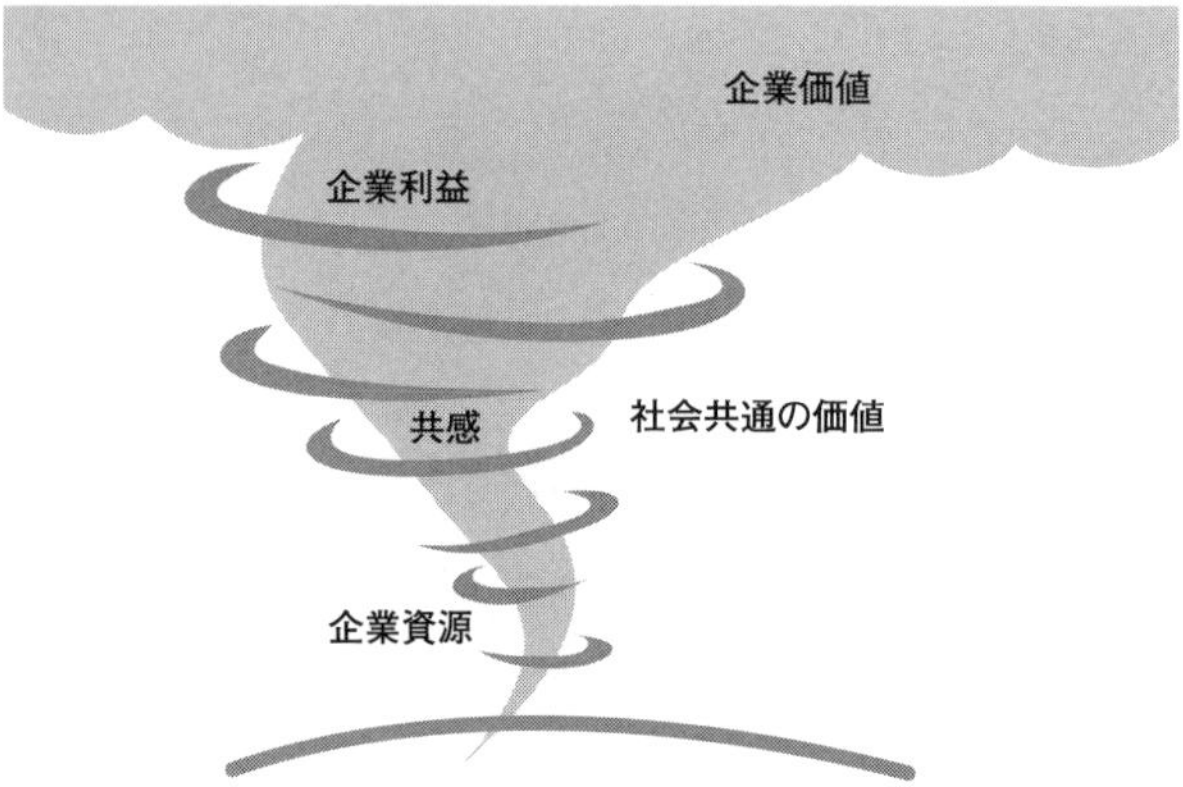

在でもあるのです。

会社と顧客、取引先などとが共感という軸で関係性を深め、お互いに影響し合い、『価値のらせん的発展』を描きながら成長する企業こそが21世紀をつくる〝価値ある企業〟の姿なのです。

利益に先行する「3つの指標」とは

先に示したとおり、価値ある企業は、「経営理念の浸透」「人財育成」「関係者との信頼形成」に力を注いでいます。価値研の調査によれば、価値ある企業は、たとえば次のようなことに取り組んでいることが分かりました。

【経営理念に関係する項目】

・経営理念を明文化している
・復唱やクレド等によって社内に浸透させている
・利害関係者（ステークホルダー）の中で主に社員を重視している

【人財育成に関係する項目】

・社員意識調査を実施し、結果を開示し、改善策を講じている

・一人あたりの教育予算が高い
・人事評価基準が明確で、評価研修が行われ、十分なフィードバックがなされている
・社員のモチベーションを高めるための施策が多い
・障がい者、高齢者、女性などの採用に前向き
・売上高研究開発比率が高い
・特許、実用新案、意匠件数が多い
・新商品・新サービスの開発件数が多い

【信頼形成に関係する項目】
・リストラはしない
・情報開示に前向き
・決裁権限が明確に定められ、権限が移譲されている
・会社全体のコミュニケーションする機会が多い
・仕入れ先との取引年数が長い
・家族にかかわる制度が多い
・継続的な社会貢献を実施している

■図1-6　利益に先行する3つの指標

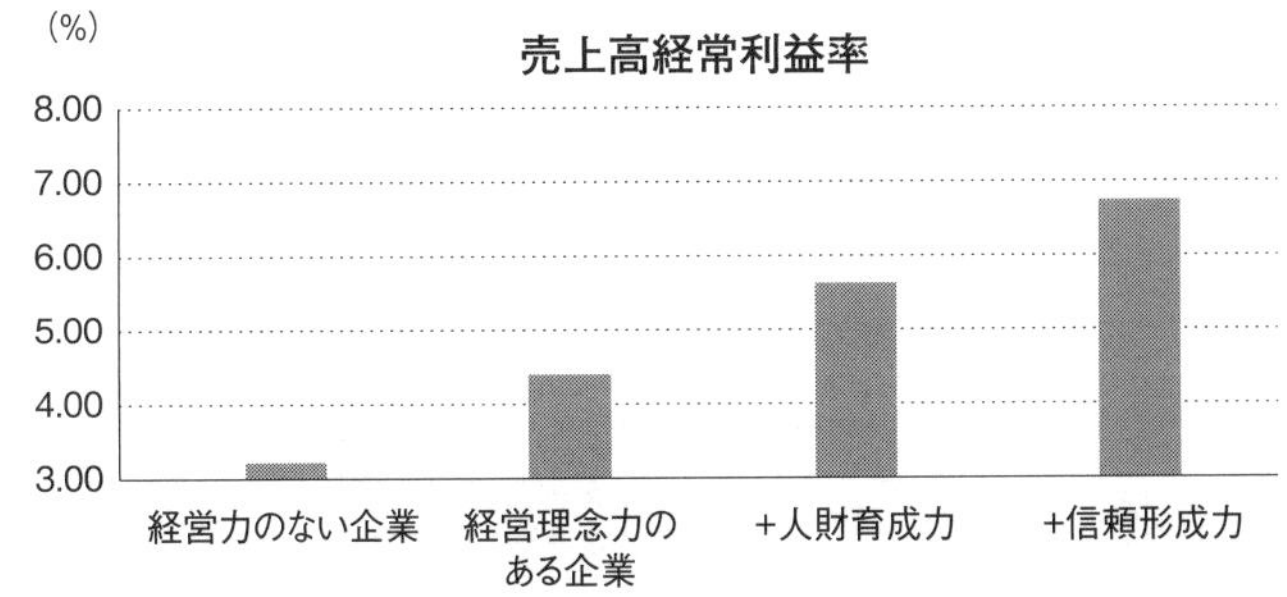

正しい経営理念を持ち、社員の能力、やる気を引き出し、社員の家族や取引先、地域社会などとの関係性を大切にしている会社は、結果的に、この厳しい経済環境のなかにあっても業績が好調なのです。上のグラフをご参照ください。

社員満足度を高める取り組みや社員教育に熱心な会社を見て、「あの会社は、儲かっているからできるのだ」と言う経営者がいます。確かに、業績によってできることとできないことはあるでしょう。しかし利益率の高い会社は、業績が厳しいときから常にこうしたことに意識を向けていたのです。

たとえば、今でこそ1000社を超える社員満足度調査のなかでナンバー1に選ばれ高収益会社に成長した、アロマテラピーを展開する「生活の木」の重永社長は、赤字の時期も徹底した社員教育を行ってきました。仕事にやりがいを感じ喜びを見出すことができない社員が顧客に感動を与えることは決してないという信念からです。

重永社長にとって、教育費はコストではなく、利益を生みだす価値そのものなのです。そして、1回の接客で一生涯の顧客をつくる多くの社員を育て上げました。その結果、今では、商品以上に、商品を語る社員こそが生活の木のもうひとつの魅力的な商品となっています。社員のサービスに感動した顧客が、生活の木の社員になりたがる究極の共感ビジネスをつくり上げたのです。

利益が出たから大切にするものができたのではない。大切にするものがあったから利益が出るようになったのです。目に見えない、経営理念力、人財育成力、信頼形成力は、利益の先行指標、利益を生む大切な企業資源なのです。

目に見えない企業資源①「経営理念力」

経営の神様と呼ばれた松下幸之助は、このような言葉を残しました。

「会社経営の成否の50％は、経営理念の浸透度で決まり、残りの30％は社員のやる気を引き出す仕組みづくりで決まり、残りの20％は戦略戦術である」

つまり経営理念の浸透（経営理念力）と社員のやる気を引き出す仕組み（人財育成力）が成功の80％を決めるというのです。

確かに「何かのため」と強く信じるものがあれば、人は大きな力を発揮します。皆さんも、こうした経験をきっと持っていることでしょう。

東日本大震災後の２０１１年4月29日、Ｋスタ宮城で開催されたプロ野球、楽天ゴールデンイーグルスの試合前の嶋選手会長のスピーチに目頭を熱くした人は少なくないでしょう。嶋選手は、被災地から駆けつけた観衆に向かって、心をこめて、一言ひとこと言葉を噛みしめるようにこう伝えました。

「震災後、選手皆で、自分たちには何ができるのか、自分たちは何をすべきかを議論し、考え抜き、東北の地に戻れる日を待ち続けました。そして、開幕5日前、選手みんなで初めて仙台に戻ってきました。この東北の地を目と心にしっかりときざみ、『遅れて申し訳ない』という気持ちで避難所を訪問したところ、『皆さん、お帰りなさい。私たちも負けないから頑張ってね』と声をかけていただき、涙を流しました。そのとき、僕たちは何のために戦うのか、はっきりしました。

この1か月半で分かったことがあります。それは、『誰かのために戦う人間は強い』ということです。東北の皆さん、絶対に乗り越えましょう、この時を。絶対に勝ち抜きましょう、この時を。今この時を乗り越えた向こう側には、強くなった自分と明るい未来が待っているはずです。絶対に見せましょう、東北の底力を」

また、〝がんばろう日本〟を旗印に女子ワールドカップサッカーを戦った「なでしこジャパン」は、幾多の激戦を勝ち抜き、世界一の座を射止めました。「日本人に希望を、被災者に希望を」という想いが、普段以上の力を与えたのではないでしょうか。

そうです、「自分は、誰のために、何のために働くのか」という想いを持っている人、「当社は、誰のために、何のために事業を行うのか」という大義を持っている会社は、逆境においても強いのです。「人のため、社会のため」という、本当の〝まごころ〟で取り組む仕事は、上から命じられて〝いやいや〟する仕事と違って、いかなる困難をも克服する力、新しいものを生みだす力、人を喜ばせる力があるのです。

価値研の調査からもその傾向は明らかに見てとれました。経営理念のある会社とない会社では、利益率には、1・5倍の開きがありました。利益や上司に仕えるのではなく、理念に仕える社員が多い会社は、業績も良いのです。

経営理念はあるのだが、なかなか社員に理念が浸透しないと悩む経営者も多いでしょう。しかし、経営理念が社内に浸透しない理由は明快です。経営理念そのものに、社員の心に突き刺さる大義がないか、社長が本気で経営理念を浸透させようとしていないかのどちらかです。

経営理念が社内に浸透している会社では、経営理念の浸透そのものを明確な経営目標に掲げています。そして、独自の作法を持ち、社長は自らの言葉で、社員の耳にたこができるぐらい熱心に説いているのです。詳しくは第2章のケースのなかで紹介しますが、作法とは、朝会での唱和、定期ミーティングやイベントでの確認、表彰制度、人事評価との関連づけ、クレドの携帯など、縦横無尽に張りめぐらされたさまざまな仕掛けです。

最初は、「社長が、バカなことを言いはじめた」と社員はしらけているそうです。しかし、それを何百回、何千回も、繰り返し、繰り返し発するうちに、そのあきらめない本気さがじわりと社員に伝播し、やがて社員の心に火を灯すのです。

経営理念は、多様化する人の価値観を一点にまとめる力を持ちます。正しい経営理念は、社員やその家族の誇りとなり、関係者との信頼を築きます。魅力的な経営理念には、優れた人財が集まります。そして、その結果として、社員一人ひとりの仕事の質が向上し、業績も上がるのです。

目に見えない企業資源②「人財育成力」

「企業は人なり」という言葉をよく耳にします。企業は、一人ひとりの社員の活動の総和です。会社は、社長の器以上に大きくなることもなければ、社員の成長以上に成長し続けることもありません。

価値研の調査では、社員の能力、やる気を引き出す仕組みについてさまざまな角度から質問を投げかけました。その結果、価値ある企業は、社員が働きやすい環境を整え、やる気と能力を引き出す施策を講じ、納得性の高い人事評価、多様な人財の採用に前向きであることなどが分かりました。

たとえば、業績が悪くなると真っ先に削られる予算が、教育費、交際費、研究開発費、交通費など、4Kといわれる予算です。どの予算から削るかで、経営者の考え方が分かります。社員は、それを敏感に察知するのです。

なかでも厳しい環境だからといって最後まで削ってはならないもの、それが人財育成のための予算です。調査によると、社員一人あたりの教育費が4万円以上の企業と4万円未満の企業では、利益率で約1・6倍の差がありました。

社員満足度調査を定期的に実施し、その結果を社員に開示して、社員満足度を高めるための改善策を講じている企業は、それを行っていない企業に比べて、利益率で約1・4倍の差がありました。人事評価の基準を明確にして、評価者をトレーニングし、十分なフィードバックを行っている企業は、そうでない企業に比べて、利益率で約1・6倍の差がありました。

しかし、こうした人財育成にかかわるさまざまな仕組みは、ただつくるだけでは効果がでるものではありません。経営者が、社員の幸せ、社員一人ひとりの成功を真に願い、その想いを伝え続けることが重要なのです。一人の社員を決しておろそかにしない心があってこそ、仕組みに魂が宿り、人財は花ひらくのです。

「社員のやる気、情熱に火をつける方法は、信じることである。時には、花開くまで待ち続ける辛抱強さも必要だ。初めから1000回でも教える覚悟を持てばいい。長所に光を当て、長所を伸ばすことが、非凡な結果をもたらすのだ」ある経営者の言葉が心に頑と突き刺さりました。

目に見えない企業資源③「信頼形成力」

企業とは、5人に対する使命と責任を果たすためにある。その5人とは、①社員とその家族、②社外社員とその家族、③現在顧客と未来顧客、④地域社会・地域住民、とりわけ障がい者や高齢者、⑤株主・出資者、であると先に述べました。

価値研の調査から、価値ある企業は、とりわけ①②④との信頼を意識して大切にしていることが分かりました。「会社関係者のなかで誰を重視しますか?」という質問には、〝顧客〟と答えた会社が最多でしたが、しかし実際に顧客を創造し高い利益率をあげていたのは、〝社員〟または〝社員と顧客〟と回答した会社だったのです。

また企業と社員の関係でみると、リストラをしないと宣言している企業は、そうでない企業に比べて、利益率に1・5倍の差があることが分かりました。そして、積極的に現場の社員に権限を委譲している企業は、そうでない企業に比べて、利益率に1・6倍の差があることも分かりました。いずれも、信頼形成力の強さを物語る数値です。

企業と社員との関係性だけではありません。ひと昔前に比べると、運動会や社員旅行などの社員行事が復活しているという話を耳にするようになりました。価値ある企業は、こうした社員同士が交わる機会を持ち続けています。

さらに、家族との関係性を大切にしている様子もうかがえます。家族手当や家族を招待してのイベントなど、社員の家族に配慮した制度を数多く設けているのです。取引先とは10年以上にわたって関係を築く傾向にあります。また、地域社会への継続的な貢献も欠かしません。そして、そうした信頼形成に取り組む会社の利益率はそうでない会社に比べ、1・2倍から1・7倍程度の差になって表れているのです。

会議などでは、殺し文句のように〝費用対効果〟という言葉がよく使われます。費用もその効果も目に見える数値で表現され、費用1単位あたりでどれだけの収益が見込まれるかといった説得材料として利用されます。しかし、価値ある企業は、そうした目に見える評価だけを重視することはありません。一見利益と直接関係することのない、〝人と人の間〟をつなぐ場づくりに努力を惜しまないのです。

価値ある企業は、コミュニケーションの質を高め、目に見えない信頼の絆を強めています。信頼からは責任の意識が芽生えます。それが企業や社会に秩序や規律を生み、さらには、もっと良い仕事をという社員の前向きな想いに発展するのです。

「社会共通の価値」とは何か

価値ある企業は、財務諸表で表される利益の概念を超えた価値を、社会に生んでいることも特筆しなくてはなりません。先に述べた、〝こころの価値〟〝社会の価値〟そして〝公共の価値〟についてです。これらの3つの価値は、見方によっては財務諸表上の利益をはるかに上回る利益を社会にもたらしているといえるでしょう。

いずれも金銭的な尺度で測ることは難しいものですが、私たちが幸せに生きるうえで失うことのできない、社会共通の価値だからです。その一例を紹介しましょう。

第二章では、弁当容器など簡易プラスチックトレーを製造し、成長著しいエフピコを紹介しています。エフピコの成長の柱のひとつは、リサイクルの推進とリサイクル工場で働く障がい者の存在です。実に当社の障がい者法定雇用率は16・3％（平成24年3月末現在）と、上場会社のなかではダントツなのです。

民間企業での就労が難しい障がい者にとって、事業の中核業務で必要不可欠な戦力として働くことの喜びは計り知れないでしょう。すなわち、〝こころの価値〟の創造です。こころの価値は、障がい者だけにとどまりません。障がい者雇用で模範的な活動をすることは、他の社員にもプラスの影響を与えているのです。エフピコでは、毎年、社員満足度調査を行っていますが、社会に貢献しているという意識が社員の誇りとなり、年々その数値が高まっているのです。

また、こうした工場は、地方が拠点となります。地方でまとまった雇用を生むことが困難な状況において、障がい者を含めた雇用機会を生むことは地方の活性化につながります。すなわち社会的価値の創出にほかならないのです。

さらに、障がい者の雇用創出は、障がい者の支援に係る補助金・助成金の負担軽減につながります。同時にリサイクルを進めることは、CO_2排出量の削減、ゴミの焼却負担の軽減にもつながっています。つまり、公共の価値に資するのです。

エフピコが短期的な利益を目的にしていたら、巨額の設備投資を伴うリサイクル工場や戦力化することが難しい障がい者雇用に、誰にも評価されることなく今から20年も前から取り組むことはなかったでしょう。今や日本の発砲スチロールトレーのリサイクル率は、100％エフピコによるものです。環境に配慮し、障がい者の強みに着目して社会共通の価値を高めてきた結果、他社の追随を許さない強固な収益構造ができたのです。

企業が得た利益の一部を社会に還元することでCSR（企業の社会的責任）と評価する声もあります。しかし、たとえば、社員をリストラして、利益を上げ、その一部を文化的な活動や自然保護などに充当する企業もあります。こうした企業が、はたして真に社会に貢献しているといえるのでしょうか？　社会的責任を果たす企業として永続し得るのでしょうか？

本業を通じて、社会共通の価値を生みだし、そのことが自社の利益にも通じている企業こそが、真に価値ある企業といえるのではないでしょうか。

価値ある企業に欠かせない、熱きリーダーの存在

価値ある企業に欠かせないのが、事業を通じて社会のあり方を変えようとする信念を持った熱きリーダーの存在です。

国家も同じですが、企業の運命は、リーダーのなかのリーダー、すなわち社長の器に依存します。とりわけ今のように混沌とした時代であれば、なおのことです。先を見通しにくい時代であればあるほど、人を虜にするほどの情熱、社会から共感を得る大義、大勢に迎合しない決断力、社員あっての社長であり社会あってのわが社であることを知る謙虚さ、あえて辛口の意見を欲する度量の大きさ、といったことが社長には求められるのです。

価値研の調査では、社長の好きな言葉を自由に書いてもらいました。そのなかで、多くの回答を得たのが「愛・感謝・調和・信頼・貢献」に類する言葉でした。こうした言葉は、人や社会に貢献しようという意欲を感じさせる、いい響きを持った言葉です。しかし、実は、こうした言葉は、価値ある企業であるなしにかかわらず、全社共通の傾向としてみら

れたのです。

価値ある企業とそうでない会社とで異なっていた言葉は、「責任、忍耐、努力、発展、革新」といったものでした。直筆で書かれた文面からは、人や社会に貢献しようということを土台にしながらも、成長しよう、発展しよう、変化を起こそうとする挑戦意欲と、その達成に向けた強い決意が感じとれたのです。

しかし、リーダーとは、決して組織の長だけをいうのではありません。一社員であっても、家庭を守る主婦であっても、熱意や信念のある人は、輝きを放って周りに喜びや感動を与えます。影響を与える人は、誰しもがリーダーなのです。

アプリの企画、開発などを手掛ける面白法人カヤックという会社が鎌倉にあります。面白法人と名乗るだけあって、サイコロ給やスマイル給など、あっと驚くような奇抜な制度がホームページなどで公開されています。

しかし、一見すると突拍子もないように見えるこうした仕掛けは、カヤックの経営理念「つくる人を増やす」をじっくり読み込むと、真剣に考え抜かれたものであることが伝わります。実際に、200名いる社員のモチベーションは高く、毎年10名程度の新卒採用枠に万を超える学生の応募があるほどの人気企業でもあるのです。

カヤックにまつわる、こんなエピソードを耳にしました。カヤックのオフィスのひとつは、ある障がい者支援を行うＮＰＯと同じビルに入っています。あるとき、そのＮＰＯに来た一人の障がい者が、水をまき散らして水浸しにするという事件がありました。責任を感じたＮＰＯの代表は真っ青になってカヤックにお詫びに行き、たまたま受付に立った女性スタッフのＳさんに「責任者はいらっしゃいますか？」と尋ねたそうです。そうしたところＳさんは「当社は、全員が責任者です。どうぞ何なりと私にお申しつけください！」と答え、何の問題もなく事を収めたというのです。

普通の会社であればどうでしょうか。総務担当者を呼びだすか、言われたままに上席を呼んでくるのが関の山でしょう。しかし、カヤックは、〝つくる人を増やす〟を目指す会社、普通の会社ではありません。〝つくる人〟とは、新しいものを生みだす人、期待を超えた発想と行動が習慣化された人です。このエピソードを聞いたとき、カヤックは、社員一人ひとりが経営理念を実践するリーダーなのだと感心しました。

上席の指示命令に盲従するのではなく、一人ひとりが経営理念に仕え、想いと行動を一致させて輝きを放つ社員が多い会社は、間違いなく価値ある企業といえるでしょう。そして、小さくても一人ひとりが輝きを放つ価値ある企業が増えることこそが、閉塞感ただよう日本の変革、発展につながる力になるのです。

第二章

21世紀をつくる「価値ある企業」事例

21世紀をつくる「価値ある企業」事例 ❶

雇用創出を社会使命として躍進を続けるＩＴ企業
「アイエスエフネットグループ」

アイエスエフネットグループが創造している「社会共通の価値」

障がい者雇用を取り巻く環境

2011年4月、登校中の児童6人がクレーン車にはねられて死亡するという悲惨な出来事がありました。加害者が、持病のてんかんを隠して免許をとり、医師の忠告に従わずに運転を続け、運転中に持病のてんかんが発症して気を失ったことが原因です。そして、この問題を受け、てんかんや統合失調症、うつ病などの持病が原因となる重大事故の防止に向けて規制・罰則強化の動きが出はじめています。

アイエスエフネットグループ（以下、ISFネット）の渡邉幸義代表取締役社長（以下、渡邉さん）は、この出来事を複雑な心境で見ていることでしょう。

「確かに加害者の責任は重大で許されるものではない。しかし、雇い主が安心して申告できる雰囲気をつくっていたら、最悪の事態は防げたのではないか。規制や罰則の強化は本質的な解決にはならない」と、忸怩たる思いを抱いているに違いありません。

今、てんかんの患者数は約100万人。投薬など適切に健康管理を行えば、未然に発症を防ぐことができます。それだけに、雇用主が、患者さんが失職を恐れることなく安心して申告できる信頼関係を築き、正しい知識を持ち、業務上のリスクを最小限に抑える努力をお互いにすれば、このような事故は防ぐことができたでしょう。ISFネットは、こうした就労困難者をなくそうと懸命に努力をしています。

「障がい者の法定雇用率は1・8％ではなく6％に義務化すべきだ」というのが渡邉さんの主張です。なぜなら、障がい者手帳を持たないボーダーラインにいる就労困難者が数多く存在するからです。

たとえば統合失調症の大多数は、障がい者手帳を持っていません。世間体を気にして親が障がい者手帳の取得を嫌がるからです。また、知能指数が高いという理由で障がい者手帳をもらえない精神障がい者も少なくありません。日本では、身体、精神、知的に障がいを持つ人は、全人口の10％はいるといわれています。なかにはさまざまな事情で自分の意志で就労しない人もいますので、そうした人を差し引けば、ざっと6％が実質的に就労困難な障がい者なのです。

そうしたなかで、（障害者の雇用の促進等に関する法律の適用を受ける）多くの企業は、法律で義務づけられた1・8％を形式的に満たすために、軽度の障がいで、障がい者手帳を持っている人を最優先に雇用する傾向にあります。

ところがＩＳＦネットは、「義務だから仕方なく」雇用する企業とは全く異なります。

「二〇大雇用」を目指した雇用創造宣言

ＩＳＦネットは、障がい者だけではなく、就労困難な多くの人の雇用の創出そのものを事業の目的としています。

たとえば２００６年、ニート・フリーター、障がい者（ＩＳＦネットでは、障がい者の方を、未来の夢を実現するメンバーという意味を込め、「ＦＤＭ（Future Dream Member）」と呼んでいます。以下、ＦＤメンバー）、ワーキングプア（働ける時間に制約のある方々）、引きこもり、シニアの「五大採用」を宣言し、２０１０年2月にそれを達成しました。そして、２０１1年には、「採用」という言葉を「雇用」に変え、「五大」を「二〇大」に拡大し、「雇用創造宣言」を発表しました。雇用創造宣言とは、２０２０年までに、新たに１０００人のＦＤメンバーを新規雇用し、月額25万円の給与を支払い、65歳まで働ける環境を創る、というものです。

今では「一〇大雇用」を「二〇大雇用」に拡大、そのスピードを加速しています。。

もともとICT（情報通信技術）エンジニアの派遣業を主たる業務にしているISFネットは、2000年、たった4名のガレージオフィスからスタートしました。今でこそグループ全体で2000人の社員を抱えるほどの規模になりましたが、創業当時は知名度もなく、技術者の採用に大変苦労をしたそうです。たまに来た応募者も、経験や知識はあっても、給与や処遇ばかりを気にしてビジョンを共有するに足らない人ばかり。

そこであるとき、無知識、未経験者の若者から一本の電話がかかります。

「未経験ですが何でもやります！　ぜひ一度会ってください」

前向きな声に背中を押されるように会ってみたら、とても素直で、価値観を共有することができたのだそうです。そして、経験を積むうちに、こうした素直で前向きな心を持った人は、知識の習得も早く、何よりも感謝の心を持ち、お客様に喜ばれ、離職しないということが分かってきたのです。

ISFネットの履歴書なしの採用はこうして始まりました。実際に採用して実績を上げる人のなかには、引きこもりや長期にわたって職についていなかった人なども多くいたのだそうです。

当初は、戦力にならないと先入観を持っていた引きこもりや障がい者が、教育を通じて変わっていく様を目の当たりにした渡邉さんは、「ITは手段に過ぎない。真の目的は雇用の創造。人に合わせた事業の創造こそがこの会社の使命である」と確信を深めていったのです。

社会共通の価値創造を目的に

ISFネットの売上高は約80億円、経常利益額は、おおよそ3000~5000万円です。売上に対する利益率でみると、決して高いとはいえません。しかし、当社の大義は、雇用の創造です。得た利益を内部留保することなく、どんどん人に合わせた事業の創造に投資をしています。これによって、生みだす利益、就労困難者が働く喜びを見出す〝こころの利益〟、地域の活性化による〝社会の利益〟、社会保障の税負担の軽減などによる〝公共の利益〟、すなわち社会共通の利益の創造をメインにした社会価値創造企業なのです。

とりわけ着目したいのはISFネットが生みだしている公共の利益です。現在、少子高齢化の進展によって増え続ける社会保障費を誰がどのように負担するのかが議論されています。社会保障費の削減や受給年齢の引き上げもひとつの処方箋ですが、根本的には雇用の創出がもっとも重要なポイントでしょう。

一説には、障がい者手帳をもたない障がい者、ニート、フリーター、ワーキングプア、シニア、引きこもりは総勢で2000万人を超えるといわれています。こうした方が納税者となればその経済効果、社会基盤の安定という点ではかりしれない効用があることはいうまでもありません。

アイエスエフネットグループが大切にしている「目に見えない企業資源」

障がい者雇用により育まれた企業文化と利他の精神

創業から6年目の2006年、ISFネットは初めて障がい者のSさんを採用しました。ICTエンジニアの派遣事業が順調に拡大し、社員数千名、売上高65億円と多忙な時期を迎えていた頃です。

初めは、特別に障がい者向けの仕事の内容を決めていたわけではありません。雇用してから考えるというスタンスで、どんな仕事をしてもらえばいいか、実践を繰り返しながら試行錯誤の日々が続きました。

その頃は「即戦力にならない障がい者を雇う余裕などどこにあるのだ」といった反発の声も社内にあったようです。しかし、実際には、そうした反対意見は長くは続きませんでした。採用のスタンスを経歴よりも人間性を重視したからでしょうか、真面目に、ひたむきに仕事に向かうＦＤメンバーの姿を見て、周りで一緒に仕事をする社員の意識が変わりはじめたのです。

「思えば自分たちも全く経験のないゼロからのスタートだった。そこから一つひとつ研修を受け、たくさんの失敗を重ねてやっとここまで来ることができたのだ。そのときは、ただ何かに役に立ちたいという想いだけだった」

そんな経験をもつ社員が、ＦＤメンバーの頑張る姿をみて共感を得るまでに時間はかかりませんでした。「声をかけ合い、助け合い、人の良いところを見つけ、悪いところに気づくとサポートする。一人ひとりがちょっとずつ応援すればみんなでサポートできる」。そういう企業文化が徐々にできてきたのでした。

障がい者雇用など人財の多様化の本質は、「気づきの感性が磨かれる」という点だと渡邉さんは指摘します。人の能力や才能を発見し、またその人に合った新たな事業をつくったり新しい仕事を見つけたり、という前向きな思考性が芽生えるのです。

いろいろと試行錯誤するなかで、驚くような能力を発揮するＦＤメンバーも現れてきます。たとえばアスペルガー症候群（知的障がいのない自閉症）のＦＤメンバーは、一般には対人能力に難があるものの、計算能力などに優れた才能を発揮する人もいます。こうした人財ハーブプログラミングなどで活躍の機会が与えられます。また、システムの検証作業などコツコツと根気のいる作業は知的障がいの方に、というように、みんなが一人ひとりの得意不得意を見ながら自然と適材適所を意識するようになるのです。

また、健常の社員がＦＤメンバーから教わることも少なくありません。たとえば挨拶。挨拶が習慣化している職場は、そう多くはないでしょう。しかしＦＤメンバーは、一度ルール化して覚えたことは、とても素直に対応します。「おはようございます！」「ありがとうございました！」と私たちが忘れがちな礼儀作法や与えられた仕事を一生懸命に行うという基本動作をしっかりと見せてくれるのです。

ＩＳＦネットの大義はＥ&Ｅ（Eco & Employment）です。その信条は、「親を大切にし、家族を大切にし、仲間を大切にし、そして部下（後輩）を大切にする」。相手を大切に思うことで自分を大切にする利他の精神は、多様な人を受け入れる企業風土のなかで醸成されているのです。

信じて問いかけ、教え続ける人財育成力

アトピーで前職を辞めたことをきっかけに12年間引きこもっていたＳ君が出社してきてくれたとき、両親と渡邉さんは涙を流して喜んだといいます。途方に暮れたＳ君の両親が

藁をもすがる思いで渡邉さんを訪ねて、3年目のことでした。

FDメンバーは、不器用で仕事を覚えるのに時間がかかるかもしれない。しかし、時間をかけて教えれば、必ず身につけることができる。肝心なのはそこまであきらめずに「絶対にできる！」と信じて問いかけ、教え続けることができるか、なのです。

あるとき部下が、渡邉さんにこう言いました。

「社長、彼は何度言ってもできないんですよ。もうあきらめましょう」

「お前は何回言ったんだ？」

「3回くらいは言いました」

「その程度であきらめるな、3回言ってできなければ10回、10回言ってできなければ100回、1000回言ってできなければ1000回教えればいいんだ。1000回教える覚悟があれば、10回、100回なんて、なんのことはない」

「実際に1000回言ったことはないから、絶対にできるんです！」確信に満ちた渡邉さんの表情はとてもにこやかでした。

信じて問いかけ、教え続けるという点では、FDメンバーを雇用する特例子会社アイエスエフネット・ハーモニーの常務取締役、白砂さんも同じです。渡邉さんは、障がい者が健常者と全く同じ環境で働くことに不安を感じる親のために、ＦＤメンバーを中心とした特例子会社の設立・運営を白砂さんに託していたのです。

２００６年、白砂さんが経営を任された特例子会社は、はじめ7名のうち6名が重度障がい、しかもそれぞれに障がいのタイプが異なるという難しい条件下での船出となりました。

白砂さんは、一度死を宣告され、それを覚悟した人間。それだけに働きたくても働くことができない境遇の人に比べたら、働く場所があるのに甘えることは、相手が誰であっても決して許すことはなかったのです。

ＦＤメンバーが出社しないときは、何度も何度も電話をかけ、自宅まで迎えに行き、たった1時間でもいいからと机につかせたことも1回や2回ではないそうです。身だしなみや挨拶など、社会人としての礼儀作法を、繰り返し叩き込みます。こうして愛情ある厳しさを経てＦＤメンバーから信頼を得た白砂さんは、外訪で疲れてオフィスに帰った瞬間、みんなが「おかえりなさい！」と大きな声で挨拶してくれるのが最高に嬉しいと頬を緩ませます。

アイエスエフネットグループが育む「共感資本」と価値のらせん的発展

共感による取引先との信頼関係

リーマンショックは、情報システムの業界にも大きな影響を与えました。ＩＳＦも、派遣先のリストラの影響を受け、一時売上が10％ほど下がってしまいました。なかなか収束の目途が立たないなかで、苦境に陥る同業他社も少なくなかったといいます。

そんな厳しい状況だったにもかかわらず、ＩＳＦネットの売上の低下は不思議と軽微にとどまったのです。

「派遣した社員の人柄やスキルが良かったのだろうか」と確信のない答えを探しているとき、ある派遣先からこのような言葉をいただいたそうです。

「二〇大雇用を積極的に進め、社会に貢献している会社の業績が悪くなっては困る。次に続く企業も出てこない。だから応援する」と。就労困難者の雇用創出に懸命に努力するＩ

ＳＦネットの姿勢に、取引先も共感を抱いていたのでした。

渡邉さんは、新規営業に行くとき、必ずＩＳＦネットの経営理念や大義の話を先にするそうです。そこで、「そんな説明を聞いているのではない。商品の話をしてくれ」と言われたら、その場でパンフレットを閉じて帰ってくるのです。かつて大口の顧客に同様の理由で取引停止を申し出たことがあったほどです。

「確かに一時的には厳しい状況だったが、それによって良質な顧客との信頼関係がより強くなった」と渡邉さんは笑顔で言います。資本関係でも契約関係でもない、共感し、共有できる価値観こそがもっとも強固な信頼となるのです。

そして、こうした外部の評価は、社員に誇りと自信をもたらし、さらに意識を高めることにもつながります。

家族、自治体との関係のひろがり

障がい者雇用については、一企業の挑戦のレベルを超えて、企業、自治体、学校、ＮＰＯ、当事者とその親たちが真剣に話し合い、新しい仕組みを創っていく動きが見られるようになっています。「当社はそのかけ橋となりたい」という渡邉さんの熱い想いは、さまざまな形で動きはじめました。

たとえば、ＩＳＦネットが掲げるＦＤメンバー１０００人雇用に向けて取り組んでいるのが「フューチャー・ドリーム・サテライト」と呼ばれる全国各地での事業所づくりです。各地域の就労困難者を雇用して教育し、地域の企業に雇用してもらおうという試みで、千葉、福島、仙台、盛岡などで、すでに動きはじめています。全国に１００か所事業所ができれば、１０００人雇用を創出できるというのが渡邉さんの構想です。

ＩＳＦネットハーモニーがある中野区では、3年ほど前から月2回、定員60名の説明会を開催しています。障がい者雇用を検討する企業やそれを支援する自治体、親が一体となってこれからの雇用のあり方を勉強し、実践する集まりです。また、「ご家族と語る会」という障がい者の父母向けに企業のことを知ってもらう集まりを開催しています。

こうした草の根的なさまざまな取り組みは、少しずつですが行政を動かし、企業や家族の意識を変えています。そして同時に、ＩＳＦネットの社会的価値を高めることにつながっていくでしょう。

コラム　障がい者雇用が進まない理由

2011年度の障がい者雇用率は1・65%と、国が定めた法的義務である1・8%を下回っている。そして、法定雇用を守らず、ペナルティを払って済ませている企業が全企業の半数以上である現状は、さすがに悲しい。先進国のなかには、7%近い雇用率の国もあるわけで、残念な結果である。

なぜ、こうした状況になっているのであろうか？　ひとつの要因は、障がい者に対するネガティブファンタジー（否定的な幻想）がある。

障がい者にはサポートが必要であり、生産性が下がるといったものだ。厚生労働省の調査によれば、障がい者を雇用するにあたっての課題として一番に挙げられているのは、「会社内に適当な仕事があるか」が約80%といった数字からも、ネガティブファンタジーがあることを証明している。しかしISFネットの職場に行くと、それが全くの思い込みであることを思い知らされる。パソコンのインストール作業も手際よくこなすし、間違い探しなどは、健常者がとても太刀打ちできるレベルでないほどに早くて正確だ。

つまり、障がい者の特徴をしっかりと理解し、その特徴にあった仕事を意識して探せば必ずあるものだ。そして、障がい者が働きやすいよう環境を整えるだけである。

精神や知的障がい者の働きやすい環境をつくることを、専門家の世界では、「構造化」という。しかし、こうした「構造化」といった考え方は、残念ながら企業ではあまり活用されていない。

日本理化学工業が、障がい者が色で識別できる生産工程をつくったことは、まさに、障がい者教育の専門分野における「構造化」の手法である。

しかし、ＩＳＦネットも、決して最初から体系された手法を導入したわけではなく、障がい者と向き合いながら取り組んできた結果、障がい者に適した仕事を見つけ、かつ事業としても利益を上げている。

また、障がいの程度や特徴は千差万別であり、同じ障がい者への対応についても、専門家でさえ意見が分かれるのが実態である。

そうした現状を考えると、企業の姿勢としては、障がい者とのコミュニケーションやマネジメントについてしっかりと勉強すると同時に、思い込みを持たないようにしながら、一人ひとり違う個性を持つ障がい者と向き合い、適切な対応を学習していくプロセスが不可欠となる。

障がい者雇用に熱心に取り組む会社は、社会価値が高いだけでなく、多くの人の共感を得ることは言うまでもない。また、障がい者雇用に熱心な企業に対しては、「社員がやさしくなった」「仕事によっては健常者より生産性が高い」と好意的な声が多いのも事実だ。

さらには、障がい者雇用に取り組むことは、ペナルティを払わなくてもいいだけでなく、障がい者とその家族に幸せを提供し、そのうえ企業のイメージを高めることもできるなど、いいことづくめなのである。

ＩＳＦネットは、「障がい者雇用は仕事の生産性を下げる」というネガティブファンタジーは思い込みでしかないことを見事に示している。

21世紀をつくる「価値ある企業」事例 ❷

こだわりの商品を提供して各地の名店を陰で支える、地域に愛されるせんべい屋

「スギ製菓」

スギ製菓が創造している「社会共通の価値」

米菓メーカーを取り巻く環境

米菓、いわゆるお米を原料にしたお菓子は、昭和30年代後半から生産技術の革新と機械化の進展による生産力の増大と消費の拡大により、ピークの昭和48年には生産量は24万3000トンになりました。しかし嗜好の多様化に加えてスナック菓子などの競合品とのシェア争いが激しく、近年の需要は停滞基調で推移しています。

現在、米菓製造業の事業者数は10年前と比べて約3割減少しています。中小メーカーの体力は総じて弱く、販売は全体的に卸問屋へ依存しており、値引きや高率な販売手数料負担など、米菓メーカーの収益は厳しい状況です。

スギ製菓株式会社の沿革は、半農半漁の家に生まれた現代表取締役社長の杉浦三代枝氏

（以下、杉浦さん）が、中学を卒業して鉄工所に勤めた後、親類の行っていた「せんべい会社」の手伝いをしたのが始まりです。伯父さんが他の事業を始めるのをきっかけに現杉浦社長が譲り受け、「スギ製菓」として事業をスタートさせました。

会社を始めた頃は、駄菓子屋さん向けの低価格商品が主体でしたが、商品開発を推し進め、次第にスーパー・大型店向けの商品にシフトし、利益を確保できるようになっていきました。しかし次第にスーパーの力が強くなっていくと、他の中小米菓メーカー同様に、スギ製菓も徐々に利益が出なくなっていきます。

そうした厳しい経営を強いられていたときに、追い打ちをかけるように、スギ製菓は大きな事件を起こしてしまいます。１９８９年、ある生協に納品した「イカせんべい」に釣針が混入するという、あってはならないことでした。

しかし、この事件がきっかけになり、翌１９９０年には新工場を建設、品質管理にも細心の注意を払うようになり、えびせんメーカーとしては業界初のＩＳＯ９００１に続いてＩＳＯ１４００１・ＨＡＣＣＰの順で、すでに取得済です。

そんな努力をしていたスギ製菓でしたが、１９９８年に大口取引先である卸問屋が倒産して売上が減少し、二度目の経営の危機を迎えます。卸問屋を通した食品スーパーの売上に依存していたために大きな打撃を受け、毎日苦悩の日々でした。

しかし、「ピンチはチャンス！」。老舗の卸問屋の倒産が、チャネルを変える契機となったのです。

各地域の地元店舗へのOEM商品提供で、地域の個店を元気に

杉浦さんは、経営の勉強をするために1999年に入会した「愛知県中小企業同友会」で多くの学びや刺激をもらい、社内のさまざまな改革を始めました。愛知県中小企業同友会では「自立型企業づくり」「地域社会とともに」の2つの旗印が掲げられており、スギ製菓の経営もその方向にシフトしていったのです。

「自立型企業づくり」のために、独自販路形成を目指し、「たこせんべい」などのOEM（Original Equipment Manufacturer：発注先ブランド生産）事業の開拓と自社製品の販売に努力するようになりました。

OEM事業については、広島のお菓子屋さんからOEM商品として「たこせんべい」の発注依頼が入ったのがきっかけです。広島の三原駅前にはタコの銅像がありますが、その前でお菓子屋を経営している方から、「せんべいを裸でビニールに入れて、グラムで売ってください」と言われたのです。

裸でせんべいを出すと割れ物も多くなってしまうので、杉浦さんは不思議に思い、広島まで見に行きました。するとそのお店では、せんべいを2枚ずつ手詰めし、最後に箱に入れて自店舗ブランドの商品として販売していたのです。その光景を見て杉浦さんは、「是非、うちでやらせてください」と申し出たのです。そのお店は、もともとお饅頭屋さんで、せんべいはやっていませんでした。

その後、各地域の地元の特産品をせんべいに加工するOEM事業は、函館のイカせんべい、江の島や明石のたこせんべいなどに広がりを見せ、次々に開発し提案をしていきました。もっとも人気を博したのは福岡の明太子店と共同開発した「メンタイコせんべい」です。空港、サービスエリア、JRなど観光土産店で販売され、大きな売上を上げるなど、スギ製菓の主力商品となりました。さらには「地域社会と共に」の考えから、地元の特産品である「たまねぎ」や「にんじん」をせんべいに開発し地元JAとの提携を行うなど、企業経営の方向性を摸索し開拓していったのです。

このような努力が実り、現在ではOEM事業が売上の半分を占めるまでに成長しました。商品企画開発は今やスギ製菓にとって大変重要な位置づけになっています。スギ製菓が何度かの経営危機を乗り越えることができたのも、結局はお客様から支持される商品だったからです。売上の少ないときも、開発費は惜しまずにつぎ込んできました。このように地域の特産物を使ったせんべいを安心して美味しく召し上がっていただくために、商品企画開発のメンバーが過去3年間で手がけた商品は、300種類ほどにものぼります。

スーパーを相手に卸問屋を通したせんべいの値段は、1枚8円。さらに値引き交渉があり、実質6円。卸問屋に集金に行くと2時間待たされ、そこから「いくら負けるの?」と交渉されて、支払いは3か月の手形です。一方こうした地元のお店ではせんべいの値段は1枚10円。値引きもなく、手形とも無縁なのです。

杉浦さんは過去の経緯から、卸問屋に依存する商売は嫌だと考えていましたが、地元の個店にチャネルを変え、商品開発に力を入れることで、ようやく卸問屋依存型経営から脱皮できたのです。

直営店出店で地元とより密着し、肌で要望を把握

もうひとつの自立型販売確保として、直営店は顧客動向を把握するマーケットの目的も兼ねて店舗運営を始めました。愛知県内では「えびせん家族」9店舗・音羽蒲郡IC近くに「えびせんべい共和国」を展開しています。店舗で販売しているえびせんべいの種類は80種ほどあります。

えびせんべいはおみやげ物のイメージが強いのですが、えびせん家族は地元の皆様に使っていただきたいとの想いで、地域に根ざした企業として経営をしています。それは、高速道路のサービスエリアや観光地に販売店がないことからも分かります。

地元を大切にする店舗として、買い物のときにほっとひと息ついてもらえるように無料のお茶やコーヒーのサービスを行い、本店の一角では地元の人たちの絵画や写真などの作品発表の場として利用できるフリースペースも用意しています。顧客ニーズの収集のため、利用者が自由に記入できるアンケート用紙を店頭に設置しているほか、定期的に顧客満足度の調査も行っています。細やかな心配りが売上に反映しているのは、誰が見ても分かることでしょう。

また直営店は、予想どおりの効果を経営にもたらしました。店舗をやっていると、お客様の声が直接届くため、試験販売をしてリサーチできるといった効用をもたらしたのです。さらに、直販に展開した頃から、出店の投資がかかるために、経営計画を立てることになりました。それによって会社全体にマネジメントが定着し、数値を上回る成長にもつながっていったのです。

スギ製菓が大切にしている「目に見えない企業資源」

地元、社員、取引先との信頼が資本

2000年に制定した経営理念は、「楽しく働ける社員と全国の家族に美味しさと楽しさを提供し続ける会社を目指します」。これは、素直な気持ちを持ち続ける人になってほしいとの願いを込めてつくり上げたものです。

この経営理念は、毎朝の朝礼で全員が唱和することはもちろん、さまざまな活動にも活かされています。

たとえば、企業は地域に愛される会社でなくてはならないと考えている杉浦さんは地域の多くのイベントに社員の参加を奨励し、自社に地域の人々を招待しています。

7月には碧南市で毎年開催されるイベント「元気ッス！　へきなん」にスギ製菓チームは「えびせん家族」の名で参加し、そろいのハッピで顔には思い思いのペイントをほどこし、力いっぱい踊ります。２０１１年には１００名近くの社員が参加しました。

９月に本社工場で行うバーベキュー大会や感謝祭には、地元の多くの人を招待し、ゲーム、飲食はもとより、せんべい工場見学や会社の取り組みまで見せます。

トイレ掃除は地元の中学校を中心に年間20校ほど訪問します。ほとんどが学校からの依頼ですが、「最初はいやいや掃除をしている生徒も、きれいに磨かれたトイレを見ると生き生きとした表情に変わる」と杉浦社長は嬉しそうに話します。自社においても、「トイレ掃除は人間を変える」との信念から、人間形成のため新入社員研修に取り入れています。

そのほかにも年間で行っているイベントを紹介しましょう。これらは、社員一人ひとりが主体的に参加し体験することにより「人間性豊かな社員」になることを目的として実施しています。

「ふれあい見つけ旅（2月）」

社員の懇親を図るための旅行です。会社内では部署が離れていて、普段なかなか交流する機会がない社員同士が一緒に観光を楽しみます。

「ゴミ拾い（4月・11月）」
全社員で本社工場近隣の産業道路沿いのゴミ拾いを行います。目的は、町の環境整備と社員教育。「ごみを拾える人はごみを捨てない人になる。人の事を考える人になる」という信念から実施しています。

「50㎞ウォーク（5月）」
この行事も全員参加で行います。社員の半分は50㎞を歩く人、残り半分は、水や食料の用意、体調管理を行うなど、歩く人を支える人として活躍します。10時間から12時間かけて50㎞を歩きぬくこのイベントには、取引先や同業者の方々、地域の皆様の参加希望者も多くあります。

「ボーリング大会（6月）」「感謝祭・バーベキュー大会（9月）」
社員同士の交流、地域の人々に感謝することを目的に催すこのイベントには、全社員とその家族、地域の人たちが参加します。

「報連相大会（11月）」

「報告」「連絡」「相談」は企業のコミュニケーション、作業効率を上げるうえで欠かせないものです。そのため各部署でその「報」「連」「相」の重要性を認識し、そのレベルと意識向上を目的に実施しています。大会は、部署別にグループを組み問題解決に取り組む仕組みとなっています。

「木鶏会（毎月）」

毎月一度、仕事終了後の18時より行います。これは人間力向上を目的に発行されている月刊誌「致知」のなかから出席者全員で今月のテーマを決め、読み、感じたことを発表し合います。

ご紹介したこうした取り組みは、社員自らの手で行います。すべて委員会組織でそのメンバーが知識を出し合い、その企画、運営は従業員の喜ぶ顔を想像して進められます。このような地道な活動が、社員、地元その他、関係者から信頼を得ているのです。

スギ製菓が育む「共感資本」と価値のらせん的発展

各地域のお店や地元住民、社員とともに

「地域社会とともに」。これは、スギ製菓にとって大切な考え方です。というのも、スギ製菓だけでは取引先の要望に応えるすべての商品ができません。地元周辺にある同業者からもせんべいを仕入れることで、幅広く商品を安定的に提供できるのです。

スギ製菓が元受だからといって、仕入れ先をいじめるようなことは断じてありません。値下げ要求も一切しません。支払いも手形ではなく、月末が土日であったら、その前に払うことにしています。こうした取り組みに信頼が寄せられ、やがて地元の同じせんべい屋も、自分たちが新しい商品を作ったら最初にスギ製菓に持っていくというように、いい循環になっているのです。

もちろん、業績も伸びています。スギ製菓の２０１０年度の売上高は27億円、経常利益

3500万円。社員数も、246名のうち正規社員91名、パート155名と、確実に規模的にも成長しています（2012年3月現在）。

商品力が備わってきて、社員の数も増えてくると、社員の教育ができるようになりました。そのため、毎年、新入社員を採用し、社員教育をやるようになったのです。定期採用をするようになると、杉浦さんは、社員の幸せ、そして社員の家族の幸せを、今までにも増して意識するようになっていきました。

中卒の社員も2人採用しました。募集をしているわけではありませんが、杉浦社長に頼むと何とかなると思われているので、地元の方から依頼があったのです。

ひとりは、勉強を怠けて中学1年のときに不登校になってしまった子で、もうひとりは、心臓病で勉強が遅れて、授業についていけなくなった子です。しかし、スギ製菓で働くうちに、すごく変わったといいます。そして、現在、昼間は、会社で働き、夜は定時制高校に通っています。

現在の入社倍率は、大卒は70〜100倍程度。高校生は、地元の高校の先生の依頼が多く、地元の方を積極的に採用しています。さらに、障がい者雇用も進めています。現在は全従業員の2・5%と、法定雇用率1・8%を上回ります。障がい者の仕事内容は、せんべいを入れる段ボール箱の組み立てやせんべいの選別作業等の軽作業です。仕事のなかで特別扱いはしていません。むしろ根気よく頑張ってくれているのは障がい者の方々で、従業員はみんな元気をもらっています。

先に述べたような研修やイベントもあるので、楽しく、そして目標をもって仕事に取り組める社風となっており、よほどのことがないかぎり退職する人はいません。

杉浦さんは言います。

「スギ製菓の社員は人の話を素直に聞き、素直に行動できる社員だと、周りの人からは認められるようになってほしいと思っています。荒む現代のなかで、豊かな人間性がもっとも大切と考えています。そのためには社長自ら掃除をします。掃除から心を磨き、周りの人を思いやる心を芽生えさせてほしいと願っています」

コラム　日本の流通の特徴とWIN-WINモデルの探求

日本の小売業は欧米の先進諸国と比べて、店舗あたりの売場面積、従業者数、売上高のいずれでみても小規模であり、小売店舗密度（人口千人あたりの店舗数）は高い。また、卸と小売の売上高の比率や卸売間の販売比率が高いことから、日本の流通は欧米に比べて多段階である。

それは鮮度や品揃えを重視する消費者の多頻度小口購買行動と在庫コストの高さゆえの、小売業者の多頻度小口発注行動が原因となっている。そうして日本の卸売業の多段階性は小売の小規模・高密度性に対応し、流通段階の取引のネットワーク数を減らし、取引費用を制約する機能を持ってきた。

こうした背景から、「そうは問屋が卸さない」といった言葉があるように、問屋が大きな力を持っていた。しかし、やがて大型店舗化してくると力関係は変わっていく。大量仕入れによるバイイングパワーを持ち、POSによって売れ筋状況を瞬時に手に入れることのできる小売業者が力を持つようになり、実質の価格決定権を持つようになり、メーカーや卸に対する交渉力を高めたのである。

こうした流通における力関係の変化により、不条理ともいえる取引が発生している。

また、そうした小売店も、インターネットの普及により消費者が店に足を運ばずに価格が分かるようになり、商圏を越えての比較もできるようになると、さらに小売店の価格競争は激化し、そのしわ寄せが卸やメーカーにも及んでいる、というのが現状である。

メーカーとしてどうすればいいかであるが、消費者が喉から手がでるほどの魅力ある商品を開発でき、交渉力を高めるのもひとつの方法である。しかし、すぐにはそれが難しい場合は、スギ製菓が行ったような新しいチャネル開発も有力な打開策のひとつといえよう。地域のお土産屋にOEMで製造販売しているのは、スギ製菓の収益向上になっただけでなく、お土産屋さんの売上にも貢献するWIN-WINモデルなのである。

現在、ネット検索をすると、有名小売大手の優越的地位の濫用による訴訟の記事が数多くヒットされる。こうした企業は、決して長く消費者に支持されることはないだろう。なぜなら、WIN-LOSEといった力関係により、メーカーの努力の限度を超えた犠牲の上に成り立っているからである。取引先に不条理なことをする企業に好感情を抱くことはない。さらに、消費者の価値観は、強い企業ではなく、社会にやさしい企業を支持するように変わってきており、かつ消費者が自由にネット上に発信することができるようになっている現在、自ら悪い評判をつくっているようなものだからである。

21世紀をつくる「価値ある企業」事例 ❸

全国から人が集まる不思議な自動車教習所
「コガワ計画（Mランド益田校）」

Mランドが創造している「社会共通の価値」

自動車教習所を取り巻く環境

自動車教習所の数は、1991年の1535をピークに減少傾向に推移しており、現在は1350にまで減少、市場規模は6000億円程度の規模と推定されています。(株式会社日本能率協会総合研究所MDB市場情報レポートより)。

人口構造の変化から市場の縮小は今後も続き、ますます厳しい外部環境にさらされている自動車運転免許教習業界は、他社との差別化でベンツやBMWなどの外国車を教習車として用いたり、技能教習が規定時間を超えても超過分の教習料金は請求しないシステムなど、生き残りをかけて付加サービスの多様化が進んでいます。

そのうえ、スーパーやテーマパークのように繰り返し利用するリピーターはほとんど見込めない業種・業態のため、集客にはどの教習所も苦労をしています。さらに島根県益田市は、人口5万人強の小さな地方都市で過疎化が急速に進んでいます。ちなみに島根県の人口は、1955年にピークの93万人となりましたが、その後、1986年から減少を続けて、2011年現在、71万人程度となっています。

このように、「景気や政策が悪い」「業種・業態が悪い」「市場規模が小さい」「立地条件が悪い」という言い訳をしたくなるような要因が重なるなか、着実に業績を上げ、全国から人が集まってくる不思議な自動車教習所があります。島根県益田市の山間部にある株式会社コガワ計画（益田ドライビングスクール。以下、通称Mランド）です。

Mランドは創業1964年9月、自動車運転免許教習業務の最大手。とはいうものの、所在地は島根県益田市の本州最西端。決してお世辞にも立地が良いとは言えない場所にもかかわらず、業界平均6倍の集客力を誇り、年間6000人の卒業生を出し、毎年、安定的に売上を維持する経営をしています（2010年度の売上高は13億5000万円）。

Mランドは、創業者で現会長である小河二郎さんが1963年、40歳のときに設立されました。それまで小河さんは、自分が自動車教習所の経営をするとは考えたこともありませんでした。しかし、当時父親の会社に勤め、東京のタクシー会社に出向していた小河さんは、東京で働きたいという島根県出身の若者に何人も出会いました。ところが彼らは東京で生まれ育った人と比べると、どこか見劣りがしていました。経済的にも文化的にも、地方格差が今よりはるかに大きい時代で、何らかの技術や資格をもっていないと、就職するうえで明らかに不利でした。このハンデを何とか克服できないかと考えたとき、思いついたのが運転免許だったのです。

当時、運転免許を持っている人は、まだまだ少数でした。運転免許を持っていれば、地方出身者でも東京の人間と対等にやっていくことができ、就職するときも立派な資格として認められていましたので、島根県に自動車教習所をつくろうと考えついたのです。小河さんは30歳から父親の会社で勤めていましたが、労働争議の事態収拾で会社を去ることになり、そのタイミングでMランド設立を決意したのです。

自動車教習の受講期間に、人としても成長できる体験を提供する

島根県の若者に自動車運転免許を取得させ雇用を拡大しようという小河さんの見通しは当たり、順調に受講生も増えていきました。しかし、10年も経つと必要な人がみな免許を持つようになり、事業はだんだん厳しくなっていきました。

追い討ちをかけたのが過疎化の進展です。1973年に第一次オイルショックが起こり、

さらに冬には豪雪に見舞われたこともあって若者が県外に出て行ってしまいました。いよいよ受講生の数が少なくなり、経営が大変苦しい状況まで追い込まれました。

それでも小河さんは、職員の人員整理だけはするつもりはありませんでした。ただでさえ人口の少なくなった益田市で人員整理をしてしまえば、地元の過疎化にますます拍車をかけてしまいます。雇用を確保するためには、受講生を増やすしかないと考えたのです。

そこで思いついたのが、人口の多い地域から受講生を呼んでくることでした。広島や大阪周辺を調べると、これから免許をとる若年人口に比べて、教習所の収容能力がかなり低いことが分かりました。教習所に通いたいのに通えない人がたくさんいる。この人たちを2週間ほどの滞在型でMランドに呼ぶことができれば、過疎の進む益田市でも十分にやっていけると考えたのです。

滞在型には通学型にはないメリットがあります。教習に専念できるため、短期間で卒業しやすいことです。会社や学校に通いながらだと、途中で休んだり、集中力が続かなかったりして、卒業まで半年くらいかかることも珍しくはありません。そこをアピールすれば、興味を示す人も多いはずだと考えました。こうして、設立して10年後の1973年、当時としては珍しい滞在型自動車教習所がスタートしたのです。

しかし、受講生にわざわざ遠くまで足を運んでいただくには、何かの価値を提供しなくてはなりません。そこで考えたのが、教習所を人間的な成長の場とする、まさに、こころの価値だったのです。

つまり、表面的な付加サービスをするのではなく、自動車教習の受講期間に、人としても成長できるような体験を提供するというユニークな取り組みです。具体的には、大縄跳び大会や温泉旅行といった娯楽色の強いものや、茶道や英会話といった文化性の強いもの。トイレ掃除や校内清掃など、ボランティア活動を体験することもできます。このボランティア活動は、参加するすべての人に日々の新しい発見を与えてくれるものになっているのです。

こうした経験をすると、最初は目を合わせることすら困難な若者が、たった2週間で人が変わったように笑顔で挨拶を交わせるようになるのです。

Mランドが大切にしている「目に見えない企業資源」

もう少し詳しく、Mランドが信頼を生みだしている取り組みをご紹介しましょう。

受講生が自然と「挨拶」をする校風

滞在型教習所であるMランドは、教習コースのほかに宿泊棟、大食堂、カフェ、売店、コインランドリー、ATM、イベント用ホールなど、さまざまな施設を設けています。

Mランドは山の中腹にあり、近くに飲食施設や娯楽施設がないため、2週間の滞在中、すべて敷地内で事足りるようになっています。そのMランド内でのもっとも簡単なルールは「人に会ったら挨拶をする」ということです。

校舎のすぐ近く、教習コースに向かう道には「あいさつ通り」と呼ばれる狭い小路を設けられています。

小路には「狭い小路はあいさつがよく似合います」と書いた看板を掲げ、ここですれ違う人たちは、必ず挨拶をする決まりになっています。広い道だと、人とすれ違ったことにさえ気づかなかったり、挨拶を面倒に思ってしまいがちです。しかし、狭い小路ではそうはいきません。お互いの顔が分かる距離ですれ違えば、自然と挨拶しようという気持ちも生まれます。知らない人同士でも、気軽に挨拶できる場所が「あいさつ通り」なのです。

ちなみにMランドとは、益田（Masuda）ドライビングスクールの土地（ランド）というよりは、心（Mental）を学ぶ土地（ランド）という意味が込められています。Mランドを歩くと、あちらこちらで挨拶が聞こえます。受講生も職員も、出入りする業者も、すれ違った人たちはみんな笑顔で挨拶を交わし合うのです。「今どきの若者は挨拶もロクにできない」と思っている人がMランドに訪れたら、彼らの明るい笑顔に驚くでしょう。

若者が率先して行う素手の「トイレ掃除」

挨拶の徹底といっても、決して強制的にしているわけではありません。

「挨拶にも質がある。心のこもった挨拶は、人の心をとても豊かにします」と小河さんが言うとおり、職員の皆さんは、受講生をゲストと呼んで温かく迎え入れます。

たとえば、教習の前に指導員と受講生は握手をして、「よろしくお願いします！」と挨拶を交わします。そして、教習が終わったときにはまた握手をして「今日の教習はどうでしたか?」とひと声かけます。こうした心のこもった挨拶は、自然と連鎖して、知らない人同士でも当たり前のように挨拶を交わすようになるのです。このような自然な校風が、たった2週間で人を変えていくのです。

2週間が過ぎて免許を取得し、無事卒業ともなると、空港への送迎バスは見送りの人で賑わいます。バスは出発前にわざわざ教習所の敷地内を一周して、残る受講生や職員が一緒になって手を振って見送りをし、お互いが「ありがとう！」の言葉を交わしてお別れをするのです。場内には「今日の日はさようなら」が流れ、何ともいえない心やさしい空気に包まれるなか、バスの姿が見えなくなるまでお互いに手を振り続けています。

このような絆が育まれるのも、受講生が率先して行う素手のトイレ掃除にもあります。Mランドに受講しているのは18歳から22歳の若者が多くを占めますが、その若者が便器やスポンジを素手で掴んで一生懸命に笑顔で掃除をしているのです。夏場は朝6時に集まり、便器・床・天井までを掃除します。この掃除ボランティアは大人気で、募集をすると20人の定員があっという間に毎日埋まってしまうそうです。トイレ掃除に参加している方のほとんどが、実は家でトイレ掃除をやったことがないというから驚きです。Mランドは、このボランティアで自分の殻を破ってほしいという想いでわざわざ準備をしています。不思議なもので終わった後の参加者の顔は、人が変わったように輝いています。

イエローハット相談役の鍵山秀三郎さんが「日本を美しくする会」で始めた路上清掃やトイレ掃除は、今やブラジル・アメリカ・中国・台湾に輪が広がっています。Mランドでも、トイレ掃除をした経験者は3万人を超えました。いつでも社会にお役に立てる予備軍として、受講生に自主自立のための勇気と希望を与え、さらには「成長」「貢献」「挑戦」を加えて日々、自動車教習所という技術指導の学校を超えた、心を磨く人生道場となっているのです。

感謝の気持ちを表す「ありがとうカード」

さらには、ありがとうカードと称して、誰かに何かをしてもらったときのお礼を、小さな紙に感謝の念を記して相手に渡す習慣があります。その対象は、部屋の掃除をしてくれた、荷物を運んでくれたなど、日常生活のありとあらゆる場面です。場内の所定のポストに投函する仕組みになっていますが、多い月には1万枚近く、年間は5万枚にもなります。

書く分量や内容は自由です。たとえば、相部屋の人に「朝、起こしてくれてありがとう」でも構いませんし、指導員に「親切な指導、ありがとうございます」でも構いません。食堂のおばさんに「おいしい食事をいつもありがとう」でもいいですし、Mランドのイベントに参加して「楽しいイベント、ありがとう」でもいいのです。

1行で簡単に書く人もいれば、用紙の裏面までびっしりと書く人もいます。このようなありがとうカードのなかで、特に「これは」と思うものは、1週間に1回掲示板に貼りだして、温かい心を他の受講生にも知ってもらうようにしています。

感謝の気持ちを文字にするのは、気持ちのいいものです。自分が何かをしてもらったときには感謝の気持ちが芽生え、それを自然と文字に表します。そしてありがとうカードを受け取った人は、感謝されることの喜びをあらためて知り、「もっと、いいことをしよう」という気持ちになります。このような気持ちの人が増えれば、Mランド全体の空気もやさしく温かいものになっていきます。

また、受講生がMランドで感じた「ありがとう」の気持ちを書いた手紙を、両親などに贈るということもあります。教習所に通う子どもから突然「ありがとう」の手紙をもらい、びっくりされた親御さんもきっといることでしょう。今ある自分、人にしてもらったことに感謝し、それを素直に表現するようになっています。そうなると親御さんからも、教習所にいる自分の子ども宛に手紙を書くようになります。

携帯電話が普及した現在、家族同士で手紙をやりとりする機会はめったにありません。確かに用事を伝えたり、元気かどうかを確認したりするだけなら、電話でのやりとりで十分です。しかし手紙には、電話にはない力があります。家族の顔を思い浮かべながら、素直な気持ちを文章に書く。そうしたなかで、初めて家族のありがたみを感じて家族の絆を再認識するようになっています。ご両親にとっては、とても嬉しいことで子どもが挨拶するようになって帰ってきたと、友人知人に話すようになっています。

Mランドが育む「共感資本」と価値のらせん的発展

教習所の生徒とのかかわりから生みだされた、人間を幸せにする燮《やわらぎ》の経営

Mランド全体に満ち満ちているあたたかい雰囲気は、優れた社風（校風）によるものです。Mランドでは受講生に「何事もやればできるんだ」という「人間として成長の道を拓いてもらえたことの喜び」を抱かせます。

宿泊棟の前の坂を上った先には、「無心山」と呼ばれる、Mランドを一望できる小高い丘があります。ここにはMランドの象徴である「燮《やわらぎ》の塔」があります。この丘に登って、時には「燮の心」に思いを馳せてほしいという気持ちで建てられました。

燮という字は普段あまり見かけませんが、松明で照らす様を表しています。火を挟んで話をするときの満ち足りた心を指し、「やわらげる」とか「ほどよくする」といった意味があります。この「燮の心」こそがMランドの精神なのです。

また、中国の明の時代の学者、王陽明が晩年に唱えた「致良知《ちりょうち》」という言葉も、Mランドを象徴するものです。「良知」とは人の生まれながらにして備えた知能であり、考えなくても分かる心の先天的な働きのことをいいます。

たとえば、人間誰しも、親が頑張っている姿を見れば「親孝行しよう」と思いますし、溺れている子どもを見れば「助けよう」と思います。これが「良知」です。その「良知」に素直に心を傾け、実践すること、それが「致良知」です。人間は本来、このようなすばらしい心をもっています。職員や受講生にも常にもっていてもらいたい、そう願う気持ちの表れが小河さんの理想の経営となっています。

入校時に渡すお祝い金のMマネー（Mランド内で使える通貨）のなかに、「新しい時代のお金」と題されたメモが一緒に入っています。

「資本主義の次は、どんな時代がくるのでしょう。新しい時代は、このMランドが目指しているようなメンタル、心の資本主義＝志を基にした〝志本主義〟の時代が来る予感がします。（中略）皆様と一体となって次に来る『楽美愛眞』の時代、楽しく、美しく、やさしく、本物の、心の時代にふさわしい空間Mランドを創り出してゆきたいと思っています」

このような考え方に基づく燮の経営は、「自動車教習所ならMランドがいい」という口コミの輪を広げ、年間６０００人という数字に結びついています。本州最西端にもかかわらず、北海道から沖縄まで全国から人が集まり、年間卒業生数は業界平均の6倍。受講生は飛行機で萩・石見空港まで来るか、あるいは新幹線で広島駅を経由し、さらに2時間半のバスに揺られてようやく辿りつくようなこの地に訪れるのです。

また、全国各地の自動車教習所はもとより、一般企業や行政からの視察も絶えません。若者を変える自動車教習所とは、いったいどんなところなのかというわけです。

少子高齢化が進み、経済的な成長ではなく、あらためて「何のために働くか」が問われる時代になりました。小河さん率いるMランドは、企業の存在は何たるかを教えてくれる、価値ある企業に間違いありません。

Mランドの経営理念の中核には、受講生の自主自立、成長、コミュニケーションを育む支援をするという想いがあります。受講生を増やすがための付帯サービスではなく、「挨拶」「掃除」「感謝」を通じた運転者、ひいては、人としてのやさしさを育む最高の教育サービスが、生涯失うことのない力を育む「こころの価値」となり、信頼を生みだし、さらにその信頼が口コミによりらせん状に広がり、全国から受講生が押し寄せてくるのです。

コラム　掃除に熱心な会社は、なぜ業績もいいのか?

掃除の重要性を訴える経営者は多い。Mランドは、イエローハットの創業者で「日本を美しくする会」の相談役の鍵山秀三郎さんの「掃除に学ぶ会」に平成8年に参加して以来、掃除に熱心に取り組んでいる。伊那食品工業の塚越寛会長、日本電産の永守重信社長、ホンダカーズ中央神奈川相澤賢二会長、さらに、松下幸之助、本田宗一郎も掃除を大切にしてきた。坂本光司教授も企業訪問の際は必ずトイレをチェックし、いい企業か否かの判断基準の一つにしている。

朝早く来て掃除をすることを日本特有の精神論と捉え、企業経営の業績には関係がないと考える人も少なからずいるだろう。まして、「トイレ掃除をしっかりやれば売上が上がる」とまで言われると、反発する人もいるに違いない。

しかし、例に挙げた実績を残している経営者は間違いなく、掃除が企業経営の業績に与える影響を、実際の経営のなかで実感しているのである。

確かに、「一事が万事」といった言葉もあり、「スリッパが揃っているかどうかを見れば、その工場のレベルが分かる（永守さん）」というように、整理整頓、掃除といったことが企業の活動の質に影響があることは予想できる。

最近、まだ少数ではあるが、坂本光司教授の他にも、実際の経営の中で実務家が熱心に取り組んでいる企業活動を研究する学者も出てきた。たとえば、日大経済学部大森信准教授は論文や著書で、トイレ掃除を新入社員研修に導入している企業のインタビューを試み、他律性として、規律や躾が身につくことや、自律性として、自分に自信を持ち積極性が高まることなどの効果を論じている。また長年の調査結果から、経営者自ら率先してトイレ掃除を行う経営者に対しては従業員の信頼感が向上し、その結果として影響力が高まると指摘している。

経営学の本来の目的は企業にかかわる人の幸せの追求であるとすれば、一部の経営学は、理論的に進展させていく学術的貢献に偏重しすぎであり、実践的貢献を十分に果たしていない。経営学は、企業経営の実務にどれだけ貢献しているかでその良し悪しが判断されるべきではないだろうか。

21世紀をつくる「価値ある企業」事例 4

人と人、人と自然、企業と社会をつなぐ、
日本の食文化を支えるトップ企業

「エフピコ」

エフピコが創造している「社会共通の価値」

日本の食文化を支えているという自負

知名度はそれほど高いわけではありませんが、私たちが生活していくうえで、なくてはならない企業、それがエフピコです。実際、ここの商品を購入したことがない成人の日本人はほとんどいないといっても過言ではないでしょう。

スーパーに買い物に行ってお総菜やお肉、魚などを購入していれば、知らずに同社の製品ユーザーになっているはずです。というのは、食材がのっている容器であるトレーが、同社の主力商品だからです。エフピコは、食品トレー市場では60％のシェアを占めるトップ企業となっています。

このため日本の食文化を支えているという自負が同社の想いとなって経営理念が形づくられています。創業者の小松安弘会長（以下、小松さん）は、こう語っています。

「常に食文化、食生活の変化を先取りし、お客様の満足を第一とした高品質の製品とサービスの提供に努めてまいりました。同時に企業としての社会的責任を重んじ、新たな価値を創造し、豊かな社会の実現に貢献することに力を注いでまいりました」

つまりは事業を通じて企業としての社会的責任を果たし、社会が豊かになっていくことに貢献していく会社となることを目指してきたということです。社会的責任とは、まえがきで触れた『5人に対する使命と責任』ということにほかなりません。5人とはすなわち「社員とその家族」「社外社員とその家族」「現在顧客と未来顧客」「地域社会・地域住民」そして「株主・出資者」ですが、その責任を果たす企業が成長するという私たち価値研の仮説を、エフピコはものの見事に立証しています。

エフピコのもっとも大切な財産は社員

同社のサイトには毎年の経営状況を報告した「CSR（企業の社会的責任）レポート」が掲載されています。現時点で確認できるもっとも過去のものは2007年のレポートですが、ここに「企業のもっとも大切な財産は従業員であると、私たちエフピコは考えます」と謳われています。実に、書籍『日本でいちばん大切にしたい会社』の刊行より1年も前のことになります。その後のＣＳＲレポートをみていくと、このことが偽りなく実践されているということが確認できます。

同社では大切な財産と位置づける社員がどれほどの満足感をもっているのか調査するために社員満足度調査、いわゆるＥＳ調査を定期的に行っています。

ＣＳ＝顧客満足度調査を実施している企業は多いのですが、ＥＳ調査を実施している企業はまだ少数派であることを、私たち価値研はこれまでの企業視察で実感しています。しかし同社では定点調査を行っていますので、それだけでも立派です。さらに感心させられるのは、その内容です。２００９年のＣＳＲレポートにはＥＳ調査の結果が掲載されていますが、２年前の結果に比べすべての項目で満足度が向上しています。

すべての従業員が、能力を存分に発揮できる環境を常に整えるために、その教育や待遇についても充実を図っています。

２００９年のＣＳＲレポートによると、「今の会社に『誇りと自信』を感じますか」という質問に、70％を超える社員が「はい」と回答し、前回調査から20ポイント近くも上昇しています。ＥＳ調査で満足度50％に達成していれば、総じて社員のモチベーションが高い組織とみることができますから、70％というのは相当に良好な職場環境になっていることが推察されます。

広島県福山の本社を訪れると、サンデッキのある社員食堂が立派で、どこに力を入れているかということがよく伝わってきます。社員の健康管理に寄与するために、食堂にある清浄機は病院や食品工場などの現場で使用されるものと同様のものが設置されていて、空気中のウィルスや細菌、花粉の除去をしているとのことです。

社員教育では、外部の自己啓発教育機関の講座のなかから指定された講座にかぎり修了時に費用の50%を補助する制度を整備しています。講座内容はエクセルやワードなどのパソコン技能に関するものから「生産マネジメント」「キャッシュフロー分析」などの業務に関する講座、「ISO14001規格認証取得実務」などの環境関連、「語学」「言葉づかい」などの一般教養まで幅広い分野から組み合わせて取得でき、例年、多くの従業員が受講しているとのことです。

また「子育てにやさしい企業」として労働局から認定されています。多くの社員が産前産後休暇や育児休暇を取得しており、女性の育児休業取得率は100%になっています。今後はいわゆるイクメン、男性社員の取得比率も向上させたいと考えているとのことです。

社員旅行、新年会、サークル活動などのレクリエーション活動の実施や費用補助も充実しているほか、エフピコ倶楽部という社員とその家族が利用できる会員制の福利厚生サービスも完備されています。大手企業においてリストラが吹き荒れるなか、2004年以降は社員数が毎年増員し、雇用創出にも寄与しているのです。

脱価格競争に成功した商品開発力、独自性、顧客との密着性

リーマンショック、東日本大震災といった大きな経済面での打撃にもかかわらず、エフピコの売上高は順調に伸びており、2012年3月期では1500億円を突破、経常利益も150億円と、過去最高益を達成しています。

同社の顧客は幅が広く、一次的には食品を売っているイトーヨーカ堂やイオンなどの大手スーパーとなります。当然ながら景気状況によってトレーの価格にはシワ寄せが及び経営を困窮させるのではないかと短絡的に想像してしまいますが、安定的な業績を保ち続けています。小松さんは言います。

「原料代は毎年のように上昇してきました。ただ、業界ではウチだけだと思うけど、原料代が上昇した分の値上げを100%取引先に認めてもらいました。下がったものは全部下げますから、上がった分は認めてください、とスーパーを説得した。説得するのは簡単ではなかった。値上げの稟議を通してもらうのは大変でした」

なぜ値上げに顧客は応じたのでしょうか。

その理由は、トレーの軽量化・薄肉化を実現する高度な技術力、実際の売り場における成功事例に裏づけられた提案力に加え、的確な情報分析に基づく製品開発力があるからです。一見どこにでもありそうな差別化が難しい商品に見えるトレーですが、同社の製品アイテムは約6000点にも及び、そのうち約1500点は食材市場の変化、消費者の嗜好、また季節の需要に応じて毎年入れ替わります。時流にマッチした製品を継続的に開発し続けてきたことで、余人をもって代えがたい存在になっていたのです。

このための努力は半端ではありません。ただでさえ軽いトレーの「軽薄軽量」へのたゆまぬ挑戦は、トレーを非発泡から発泡タイプにして27グラムから9グラムと、3分の1まで原材料を減少するとともに、フィルム特許技術により潰れにくい強度の商品化を低コストで実現させました。これらは従来よりも安いうえに軽いため、当然1回で運べるトレー量が増え、輸送コストも減少させることが可能となりました。さらには後述するリサイクルトレーの商品化に成功したため、原料が原油高になっても影響を受けない態勢が実現していました。

「トータルでは我々のほうが割安で高品質なものをつくっていますからね。だから値上げを認めてくれたんでしょう」。こう語る小松さんの部屋にはいつも最新式のトレーが置いてあり、何も分からない素人の私たちに対しても、熱心にその商品の利点を説明してくれました。まるで子どものようでしたが、あの熱意が他に追随をあきらめさせるほどの圧倒的な商品開発の原動力になっているのは間違いありません。

また肉や魚などの商品は、その見た目で売れ行きが大きく左右します。ですから美味しそうに見せるトレーの形状や売り方が重要になります。エフピコではスーパーや包材問屋に対して、主要都市において「エフピコフェア」という展示会を開催して、全国の売れる売り場百選を再現し、売れる店づくりのための啓発をしたり、「キッチンスタジオ」というスーパーの売り場を再現した施設を東京本社に常設するなどして、顧客とのきめ細かいコミュニケーションを実践しています。

エフピコが大切にしている「目に見えない企業資源」

エフピコの企業価値の高さは、地域とのかかわり方を見るとよく分かります。「障がい者雇用」「リサイクル事業推進による環境問題への取り組み」という二大社会貢献について見ていきましょう。

感嘆すべき、障がい者雇用のレベル

エフピコは、紛れもない障がい者雇用のリーディングカンパニーとなっています。グループ企業雇用率は16・3％、人数にして399名もの障がい者の方が働いています（2012年3月末）。それも圧倒的に多いのは重度の知的障がい者です。重度の障がい者でも立派に働くことができることを証明するために、エフピコはあえて、親ですら就労をあきらめているような重度の方を優先して雇用しています。障がい者自身が働きたいと思っていれば、他に採用の条件はありません。職場に来たばかりのうちは、工場内を徘徊したり、お漏らしをしたりする子もいるようですが、お構いなし。そんな子たちでも6か月もすれば普通に働くことができるようになるというから驚きです。

さらに、なんと彼ら（障がい者）は全員が正社員なのです。平均給与も月給13・5万円前後と、授産施設で得られる賃金と比べるとはるかに高い水準であり、働きたいという気持ちがあるかぎり、65歳までの雇用を保証しています。持ち株制度も適用するなど障がい者の資産形成にも配慮しています。

彼ら彼女らのやっている仕事は、雑務や特別な仕事ではありません。この会社の基幹となっている商品のトレーをつくるためのラインに完全に入って仕事をしています。リサイクルのラインでは猛烈なスピードで回収されたトレーがベルトコンベアにのって次から次へとやってきますが、彼らは瞬時にいくつかの種類に選別していました。「機械ですらミスが多く、彼らの仕事にかなわない」。エフピコグループの障がい者雇用を進めている特例子会社の且田久雄社長は言います。

「なんという光景、これが重度障がい者の仕事……」

視察に行った私たちは言葉を失い、ただただ圧倒されました。その特例子会社では、これまで解雇した障がい者はゼロ。定着率は95％。弱者にやさしいなんて表現では足りません。これが真のノーマライゼーションだと悟らされます。エフピコの成功から学ぶべきは、どんな企業でも普通に障がい者雇用ができるということです。

且田さんは言います。「障がい者雇用はいいことづくめ。健常者が嫌がる仕事や機械ではできない仕事を、熱心に一生懸命してくれるから、生産性に多大な貢献がある。社員はやさしくなり助け合うのでチームワークが抜群によくなる。マスコミが競って取り上げてくれるから広告宣伝費が浮く。さらには国が助成金までくれる」。私たちは、障がい者雇用の意味やメリットについて、真剣に捉え直す必要があるのではないでしょうか。

日本理化学工業や他の障がい者雇用成功企業でも感じることですが、エフピコでも、健常者の社員のモチベーションの高さには目を見張るものがありました。

自分たちの居場所をみつけ、働くことができる喜びを感じながら成長していく障がい者の姿を目の当たりにして、健常者の同僚もとてつもない誇りを感じ、モチベーションが高くなっていくのであろうと推察されました。

社会的意識が低い時代から先進的に取り組んだリサイクル事業

障がい者雇用と並んで、エフピコが極めて社会性のある取り組みをしているのが、リサイクル事業です。

エフピコが独自のトレーリサイクルシステムを立ち上げたのは１９９０年9月のこと。その前年に小松さんは、アメリカのＦＰＩ（Foodservice &Packaging Institute）という組織の総会に参加し、マクドナルドのハンバーガーの食品容器があちらこちらに捨ててあり、消費者団体が不買運動を起こして大変なことになっているという話を聞いたそうです。これは対岸の火事ではない、いずれ日本でも消費者団体がトレーを問題にして不買運動を起こすかもしれないと直感しました。それを食い止めるためには、使い終わった食品トレーを回収して、リサイクルする方法を構築するしかない、そう考えたのだといいます。

とはいうものの、今でこそ容器包装リサイクル法が制定されてプラスチックを分別回収する自治体が増えたり、スーパー店頭にトレーの回収ボックスが置かれるようになりましたが、当時はトレーのリサイクルの意識などまるでありません。エフピコはどのようにしてトレーの回収を実現したのでしょうか。

最初は、エフピコの本社のある福山市を中心に、6店舗のスーパーで実験を始めました。スーパーには消費者がトレーを1枚もってきたら、1円のインセンティブをつけてくれと頼んだということです。

一店舗1日最大3000枚が返ってくると予測すると、スーパーの負担は3000円。スポットでチラシを入れたらもっとかかることを考えれば安いもの、というわけです。たったそれだけの負担で、環境に関心を寄せる人には大変な効果があると、小松さん自らがスーパーの社長を説得して回りました。それならやってみようと、スーパーの社長が決断してくれました。

トレーの回収を始めて1か月もしないうちに、NHKテレビが福山のそのスーパーを取り上げました。すると大きな効果があり、日によっては7000枚もトレーが返ってくるようになり、それに伴って売上も2割ほど増えました。そうしているうちにトレーを回収するというスーパーは次第に増え、実験を始めて半年足らずで1000店舗を超えました。

回収する店舗が増えると、運搬コストも馬鹿になりません。しかしこのとき、先に述べたように、無謀といわれながらもスタートさせた自社物流が活きてきます。スーパーや問屋に納入に行った帰りのトラック、つまり静脈物流を使いますから、他のリサイクルの運搬コストに比較するとはるかに低減される態勢が整っていたのです。リサイクル事業の開始にあたってハーブラントづくりに当時の経常利益の50％もの投資を要したそうです。

エフピコがリサイクル事業に乗り出してからの成果は以下のとおりです。

トレー　回収量　9万3106トン　枚数　232億1650万枚
透明容器　回収量　1391トン　枚数　1億3910枚

膨大な量となりなかなかイメージが湧きませんが、石油量でいえばドラム缶約113万本分に匹敵する省エネルギー量に相当するといいます。

リサイクル事業は1998年に黒字化し、今では再生原料を使用したエコトレー（回収トレー3割、工場の端材7割の構成）が汎用製品の60％以上、製品売上高の約15％を占め、同社製品のなかではもっとも利益率の高い製品に成長しています。

エフピコが育む「共感資本」と価値のらせん的発展

積極的な工場見学受け入れでファンを増やす

エフピコでは、同社の取り組みを一般消費者にも知ってもらおうと、工場見学を積極的に受け入れています。２０１０年10月段階で全国各地の工場に見学に訪れた数は30万人を突破したといいます。リサイクルすることの社会的意義、そして重度障がい者でも健常者に負けず劣らず立派に仕事ができるという事実を知らしめ続けてきました。

最近、スーパーから回収されるトレーに変化があったそうです。多くの消費者の方がきれいに洗って戻してくれるようになり、工場内の悪臭がだいぶ改善されたということでした。これも工場見学を積極的に受け入れていることの効果ではないでしょうか。日本全国の一人ひとりの善意がこれからも多く同社に届くことを願ってやみません。

「社員とその家族」「取引先」「顧客」「地域」「株主」という5人に対する責任と使命を、

エフピコはいかにして果たしてきたのかを丁寧に追ってみましたが、こうしてみると、バランスよくステークホルダーの幸せに貢献し続けているということがよく分かります。

正しき経営は滅びない。エフピコがやってきたことはまさにそのことを裏づける見本そのものだと感じさせられるのです。

コラム　障がい者雇用がもたらす社会価値とは

障がい者雇用がもたらす社会価値とはなんだろうか？　障がい者雇用率7割以上である日本理化学工業の大山泰弘会長（以下、大山さん）からお聞きした話をご紹介しよう。

大山さんが最初に障がい者雇用をしたのは、「かわいそうだから」というものだったという。それからしばらくして、彼はあるとき、禅僧に話の接ぎ穂として「施設にいて三食つきのほうが幸せなのに、どうして彼女たちは毎日、満員電車に乗って会社に来るんでしょう」と尋ねたのだそうだ。するとそのお坊さんは、こう答えた。

『人間の究極の幸せは、愛されること、褒められること、役に立つこと、人に必要とされることの４つです。愛されること以外は、働いてこそ得られます』

それ以来、大山さんは、人間の幸せをかなえられるのなら、知的障がい者を一人でも多く雇用しようと考えるようになったという。つまり、障がい者を雇用するということは、障がい者に、人間としての幸せを提供することになるのである。

日本理化学工業は渋沢栄一賞を受賞しているが、その際、大山さんが、「一銭も寄付していないのに、なぜ賞をいただけるのか？」と聞いたところ、その答えは次のようだったという。「20～60歳までの障がい者を施設で面倒を見ていたら、２億円以上かかる。

60才以上の障がい者が５人いることは、10億円以上国のお金の節約に貢献しています」。つまり、障がい者を雇用することは、経済的な価値もあるということだ。

さらに、大山さんは、ベルギーに視察に行った際、最低賃金のほとんどを国が補償していることを聞き、先に紹介した渋沢栄一賞の際に聞いた話を合わせて、非常に分かりやすい提案をしてくれた。２億円を40年間で割ると、年５００万円、地域によって異なるが、最低賃金８００円と仮定すると月１６０時間で12万８０００円、年間で換算すると約１５０万円である。企業が障がい者を雇用する際にかかる人件費を国が代わりに払えば、年間５００万円から１５０万円を引いて３５０万円となり、かなりの節約になる。そして、食事を出している障がい者を対象としたグループホームが、６～８万円であるので十分自立できるのだ。

確かに、大山さんの提案は、障がい者に働く喜び、その親御さんに安心を与え、国の財政負担を軽減し、かつ企業としても、健常者とまではいかなくても戦力となるのであれば、四方よしになるのである。

21世紀をつくる「価値ある企業」事例 5

障がい者も健常者も、共に働き、
共に生きていく社会を実現するカフェ・ベーカリー

「スワン」

スワンが創造している「社会共通の価値」

働く喜びにあふれた「場」としてのカフェ・ベーカリー

2011年3月11日に東北地方を襲った東日本大地震の翌日から、計4万6000食ものパンなどを被災地に届けて被災者の命をつないだパン屋さんがあります。「クロネコヤマトの宅急便」でおなじみヤマトホールディングスの特例子会社で、東京の銀座に本店を置く、株式会社スワンです。そして、徹夜までして一つひとつパンを焼き続けて被災地に送りだしていたのは、障がい者の皆さんでした。

私は時折銀座にあるスワンカフェに行きますが、その大通りに面したガラス張りで開放感のある店内にはアーティストの絵や写真が飾られ、おしゃれで心安らぐ空間です。店に入ると、「いらっしゃいませ!」と、スタッフが明るく元気な声で迎え入れてくれます。私が持っている重い鞄に気がつくと、「良かったらこちらに置いてください」と場所をつくってくれる彼女が障がい者であることに気づく人は少ないでしょう。

ここで働くスタッフの大多数は、知的、精神、身体などに障がいを持つ、いわゆる社会的弱者と呼ばれる人たちです。初めて訪れたときには、なぜこの空間が心地よいのか分かりませんでしたが、何度か足を運ぶうちに理解しました。障がいを持ちながら働くスタッフが生き生きとして、仕事に喜びと誇りを持っているからです。人は、人から認められ、喜ばれることにいちばん幸せを感じるといいます。スワンのスタッフはお客様に喜んでもらえる仕事を心から楽しみ、それを素直に表現しているのです。

「この会社は、誰のために、何のために存在するのか」

「私は、誰のために、何のために働いているのか」

そうした目的を持たずに、物質的な豊かさと金銭的な豊かさを求めて走り続けた現代人は、仕事を心から楽しむことをどこかに置き忘れてきたように思います。「いい仕事も、悪い仕事もない。そう感じる自分の心があるだけなのだ。最高の顧客サービスとは、与えられた仕事を、自分自身が心から楽しむことなのだ」。そのことを、スワンのスタッフは、わたしたちに語りかけてくれるのです。

そう考えると、働く喜び、心から湧きでるありがとうの気持ちもまた、スワンの美味しいパンの隠し味なのかもしれません。

障がい者雇用を社会の常識に

「障害者白書」（内閣府、平成23年度版）によると、国民のおおよそ6％にあたる744万人が身体、知的、精神等の何らかの障害を抱えています。そのうち、雇用されている人はわずかに35万人に過ぎません。賃金はというと、事業所で雇用されている場合は、月平均すると10万円を超えるものの、多くの障がい者が通う授産施設の場合は1万円強と、とても生活ができる水準ではないのです。

また、働く能力があるにもかかわらず働く場がない障がい者は、社会保障で生活が賄われます。正確にその費用を把握することは難しいのですが、障がい者一人が一生涯生活するために使われる税金は、数億円になるともいわれています。日本が抱える深刻な財政状況のなかで、民間企業が彼ら彼女らの働く場を創造して、逆に納税者になるとしたらどうでしょうか？

たとえ、その企業の利益が小さいものだとしても、障がい者やその家族に対して働く喜びの提供、すなわち社会的利益を生み、税金の負担軽減という意味において、公共的利益をも生みだす企業は、十分に価値ある企業といえるのではないでしょうか。

スワンは、一人ひとりが違っているように、障がいもまたその個性のひとつに過ぎないと考えています。大切にしている精神は、同情ではなく共感なのです。

たとえば一般的な健常者が、街角で手がない人を見たら、こう思うでしょう。

「あの人は手がないな。大変だな、自分がならなくて良かった」。これは同情です。

しかしスワンのスタッフはこう思うのです。

「あの人は手がないな。大変だな。どうやって一緒に仕事しようか?」

障がい者は同情されることに大変敏感で、人の心の底を見抜くことがとても上手です。どんなに社会的地位の高い人でも、真心を持たない人は軽蔑されます。

「障がい者を、特別扱いはしないといけないが、特別視はしない」。これがスワンのルールなのです。

障がい者、健常者という区分なく、人の個性を認め、その強みにフォーカスしてお互いが補完し合う社会をノーマライズする。これが、スワンが取り組む社会価値なのです。

スワンが大切にしている「目に見えない企業資源」

認め、そして信じ続ける風土がつくる信頼形成力

「自分はこの会社にいても、いいのかな?」。これは、障がい者の方が入社してしばらくの間葛藤を続けることになる感情だそうです。今まで社会のなかで遠慮がちに生きてきた人が、既成概念の枠をとっぱらって越えなくてはならない心理的ハードルなのです。

その葛藤の間には、徘徊したり、泣きわめいたり、物を投げたりと、いろいろな形で自分や周囲の反応を試す期間があるのだそうです。しかし、周りの人は、どんなに手を出したり、口出しをしたくなっても、ぐっとこらえて、彼らを強制したり、指示を出さないようにします。一度そうしてしまったら、お互いの関係が、永遠に「上と下」「教えて教わる」関係になってしまうからです。

「仕事は必ずできるようになる。ただ、覚えるまでに多少時間がかかるだけ」。障がい者

雇用で成功している指導者が口をそろえて言っている言葉です。

たとえばコロッケを揚げているS君という障がい者がいます。以前は彼の作業する横にもう一人ついて、S君がした作業をチェックしていましたが、あるときから、その人をつけるのをやめました。そうすることによって、彼自身に、「自分で責任を持って仕上げなくてはならない」という、仕事に対する自覚が芽生えました。

ある日、翌日用事があって仕事を休まなくてはならないというときに、S君は「自分が明日休むと、コロッケを揚げる人がいなくなってしまいますが、大丈夫ですか?」と言ってきたのです。彼に一人で作業させることによって、自分がしっかりやらなくてはならないという責任感と自覚が芽生えたのでした。


精神障がいのあるK子さんは、スワンで働くようになってから、以前は休みがちだった仕事を休まなくなったといいます。以前の会社では、「精神障がい者じゃ仕方がないから、いつ休んでもいいよ。無理はしないでね」と言われていたそうです。しかし、スワンではそういうわけにはいきません。障がい者も欠かすことのできない戦力の一人なのです。K子さんはスワンで働きはじめるとき、最初に言われたそうです。

「シフトを組んで配置しているから、いきなり休んでは困ります。絶対に無断で休まないでくださいね！」

スワンでは障がい者の横にサポートする人間がずっとついているわけではないので、K子さんが休むと仕事が止まってしまうのです。K子さんは、自分が休んだら仕事に穴を空けてしまうことに気づき、休むことがなくなったと言います。

菓子箱作りを任されたT君は、3か月もの間、まったく箱がつくれませんでした。箱に触ろうともしなかったそうです。しかしそれでも周りの人たちは、T君のことを手助けせずに、ただひたすら菓子箱の作り方を教え、彼が自主的に動くようになるのを待ちました。すると、3か月と1日目で箱に触り、2日目で箱をたたきはじめ、そして3日目には猛然と菓子箱を作りだしたのだそうです。

「僕でいいのかな？」「本当にこの会社にいていいのかな？」

彼らはいつも、そんなふうに不安に思い続けているのです。

「大丈夫、君でいいんだよ」「君の居場所はここなんだよ」

そう彼に思いを伝えながら、長い時間をかけて辛抱し続けることによって、周りの彼をサポートしていた人間は、彼の心の奥深くに入っていくことができたのでした。

「認めて、信じて、支え続ける」

「いつかできるようになる」

こうして彼を支え続けてくれる人がいたことによって、彼のなかで何かが変わったのです。

こうした信頼形成力を土台にした人財育成、これがスワンの持つ企業資源なのです。

「社長は圧倒的な努力をしなければならない」を実践するリーダーシップ

ヤマト運輸の故小倉会長が宅急便をノーマライズしたように、社会に変革を起こそうと思ったら、「経営者は圧倒的な努力をしている。普通の努力じゃダメだ。力不足でも私は努力する」。スワンの海津歩代表（以下、海津さん）は口癖のように言います。

確かに海津さんの努力は半端ではありません。海津さんの一日は、まだスタッフが出勤してくる前の朝5時45分に始まります。誰もいない事務所で、書類や社内報の隅々にまで目を通します。スタッフが出社して、朝礼やミーティングをこなした後の午前10時からの時間は、「ピープルタイム」として、さまざまな分野の方々との交流の時間として活用しています。これは、海津さんが「経営者はより多くの『外の風』に当たるべきだ」と考えているからです。

ヤマト運輸に所属していた海津さんが社長に就任したのは、2005年3月のこと。海津さんへの上層部からのリクエストは、「スワンの業績を3年で回復させる」ことでした。どうすればいいかと試行錯誤していたその年の6月30日に、小倉会長死去の報が入ります。事態は急変し、「3年で業績回復」という話が、「今期中に業績回復」という、途方に暮れるような要求に変わりました。そのとき海津さんは、「こうなったらなんとしても今期中に黒字化させる」という決意をしたそうです。与えられた時間はごくわずかでした。

当時を振り返った海津さんは言います。

「結局、総括も何もできずに今日まで来たというのが本音です。未来への選択肢はいくつもあるけれども、自分の来た道を振り返ってみれば、それは一本の道になっているのですよね」

うまくいくかどうかはあくまで結果であって、そのことに取り組んでいるときには、それが正しい道かどうかは分からない。だからこそ、日々の仕事に真剣に向きあい、圧倒的な努力を続けるほかない、というわけです。

スワンが育む「共感資本」と価値のらせん的発展

スワンも参加する地元の「銀座ミツバチプロジェクト」

ミツバチは、一度病気になったら、他のミツバチへの感染を防ぐために巣には帰らないという非常に高度な生態系を持っています。このミツバチが今、日本からいなくなっています。少ない量で効果を発揮する強力な農薬が開発されるなど、農薬によってミツバチの生態系に影響が出ているといわれています。

しかし、高層ビルの建ち並ぶ東京の真ん中の銀座という街で、なぜ「銀座ミツバチプロジェクト」というものが発足したのでしょうか?

都内にはたくさんの緑地があります。浜離宮、皇居の庭、明治神宮、ホテルの庭……。これら都内の緑は、実は無農薬だったのです。そしてビルの屋上の多くは緑化されており、ミツバチが快適に生活を営める環境があったのです。

2006年の春から始まったこのプロジェクトは、夜の街ではライバル同士の銀座のママたちや歌舞伎の旦那衆、銀座に勤めるビジネスマン、そしてもちろんスワンに勤める障がい者も仲間に入って、老若男女問わずに活動する地域コミュニティに発展していきました。

ニューヨークやロンドンでも同じことが行われていますが、それはあくまで商業的な展開で、このようにコミュニティ活動になっているのは銀座だけだそうです。

このプロジェクトの一環として、福島県の耕作放棄地で、高齢者の皆さんが菜の花を栽培しています。ここで育ったものを銀座に運んで、屋上緑化した場所に植え、この菜の花からミツバチが蜜を採取しているのです。

ミツバチプロジェクトの発足から5年が経った2011年に、銀座に農業生産法人を設立。福島県ではさらにジャガイモを耕作放棄地で栽培し、それを手作業で障がい者や高齢者が育てて、手で掘り起こして銀座に送られます。

こういった活動によって生産者は元気になり、地域が活性化され、障がい者の生活も支援するという、消費地と生産地を結ぶ都市間交流へと発展しているのです。

スワンは、そのひとつの橋渡し役を担っています。

スワンだからできる他店にはない商品

スワンでは他社と協力して、アレルギー物質不使用のケーキを開発し販売をしています。実は、全人口の2・1％の方が卵・乳アレルギーです。そして8歳までの子どものアレルギーの発症率は、10％を超えるといわれます。しかも障がい者のほとんどは、何らかのアレルギーを抱えているといわれています。スワンは障がい者の会社です。世のため、人のためになることを目標にしているスワンは、販売しているものもそうでなくてはならない、と考え、このケーキを開発するに至りました。

このケーキを販売してしばらく経ったある日、あるお母さんから、涙に濡れた一通の手紙が届きました。

「アレルギー物質不使用のケーキをヤマト運輸のお兄さんが届けてくれました。ケーキが届くのを心待ちにしていた息子は、家の外に立って、ヤマトさんの車が来るのを、今か今かと楽しみに、何時間も待っていました。彼は生まれて初めてケーキが食べられたのです」

食物アレルギーを持つ子どもがいる家庭では、3人の子がいれば、3人ともその物は食べません。兄弟のことを思って、ぐっとこらえるしかないのです。しかしながら、このケーキがあれば、3人とも自分の誕生日にはケーキを買ってもらうことができるのです。

鎌倉投信が年1回開催する受益者総会というイベントでは、焼きたてのスワンのパンが並び、あっという間に完売します。味もさることながら、多少値段が高くても「障がいのある人もない人も、共に働き、共に生きていく社会を実現する」という想いに共感する人が多いのです。

コラム ヤマト運輸の故小倉昌男氏が障がい者雇用に取り組んだ理由

ヤマト運輸の故小倉昌男会長が「福祉に経営を」という新たなノーマライズを志し、銀座二丁目にスワンベーカリー1号店をオープンしたのは、1998年。現在は直営3店舗、フランチャイズ26店舗を展開し、計344名の障がい者が働いている。そのうち約70%が知的障がい者という会社だ。

スワンベーカリーの命名は小倉さん。みにくいアヒルの子と思っていたら実は白鳥（スワン）だったというアンデルセンの童話がヒントになっている。

「私は障がいを持って生まれたことを不幸とは思わないが、日本の国に生まれたことが不幸だと思う」

これは、夏目漱石の主治医であった呉秀三さんの言葉である。つまり日本は、障がい者にとって住みにくい国ということだ。国が定める障がい者の法定雇用1・8%は達成されず、たとえ達成したとしても、実際には人口の5%以上といわれる障がい者の多くは職を得ることができない。それは、不足人数一人あたり5万円を払えば済むといった法律の問題もあれば、箱ものをつくるだけでその後の運営を考えない行政にも、大いに改善の余地がある。

国との戦いのなかで新しい社会のインフラとして宅急便を創った小倉さんは、障がい者のこうした現状を国に任せていては一向に進まないと考え、1993年、当時の自分自身のヤマト運輸保有株（当時時価約24億円）と協力者からの支援を経て、ヤマト福祉財団を立ち上げた。

さらに1995年の阪神大震災の際、全国の障がい者の作業所をとりまとめる「きょうされん」の常務理事である藤井克徳さんと出会い、作業所の実態を目の当たりにして、その想いを強くしたのだという。

そこで行われていたのは、空き缶つぶし、牛乳パックの解体、天ぷら油の廃油にカセイソーダを混ぜての石鹸づくり、木っ端でのブローチづくりなど、利益を生みだす類の仕事は皆無だった。さらには、作業所で働く障がい者の平均月給は1万円。そして親御さんからの「この子を残しては死ねません。1日でも子どもより長生きしたい」という声も小倉さんの心を動かした。

小倉さんがまず行ったのは、作業所の職員を対象にした2泊3日の経営セミナー。5000円の教材費以外、全国からの交通費や研修費等すべて無料である。もともと、経営＝お金儲けといった意識がある福祉の関係者を集めるのも大変であったが、市場が評価する商品サービスを提供しないかぎり、チャリティバザーで障がい者が作った商品を売っても、月給1万円からは脱却できないと考えたのだ。

次に実施したのが、スワンベーカリーの設立である。設立の目的は、障がい者に働く喜びを与えること。また、健常者の最低賃金である月給10万円を払うことに加え、それでも経営が成り立つことを証明したかった。

スワンベーカリーは、「障がい者がやっているところだから、この程度の味だろう」といった甘えを排除し、タカキベーカリーの協力を得て、同社が長年蓄積した冷凍生地を各店に配送して、焼きたてのパンを店舗で出している。また大手カフェチェーンをベンチマークし、海外からコーヒー豆を空輸するなど、外食産業の激戦のなかでお客様から評価されるものを提供している。そして、もっとも大切なことは、障がい者が、「お客様からありがとう」といわれる機会を創りだしたことなのだ。

21世紀をつくる「価値ある企業」事例 6

ものづくりを通して、日本の古き良き生活文化のすばらしさを伝えるブランド

「石見銀山生活文化研究所」

石見銀山生活文化研究所が創造している「社会共通の価値」

根のある暮らし

山陰の谷間にある、人口400人程度の小さな町、島根県大田市大森町。豊かな自然に恵まれ、四季折々の美しい表情を持つこの町は、日本人の心のふるさとといってもいいくらいのどかな場所です。歴史ある町並みを目にすると、江戸時代か明治時代にタイムスリップしたのではないかという気さえしてきます。

2007年に石見銀山がユネスコの世界遺産として登録されると、そんな昔の良き面影を残す大森町にも多くの観光客が訪れました。しかし、脚光を浴びるずっと前から、この地域に根ざしながら、日本の古き良き生活文化のすばらしさを伝えることを使命としている会社があります。それが、石見銀山生活文化研究所です。

石見銀山生活文化研究所のある大森町を訪れるには、電車やバスを乗り継ぐ必要があり、大変時間がかかります。こう言っては非常に失礼ながら、陸の孤島とも呼べる場所です。多くの人は、辺鄙なこの町でビジネスを始めてもうまくいかないと考えるでしょう。実際、前代表取締役社長の松場大吉さん（以下、大吉さん）が、大森の町で店を構えたときには、「こんな田舎に店をつくって、いったい誰が来る?」と周囲の人から猛反対されたそうです。

しかし、この地で生まれ育った大吉さんには、「自分たちの表現の場は大森であり、ここから情報発信していけば、きっと田舎の価値や古いものの価値が認められる日が来る」という信念がありました。現代表取締役で奥さんの松場登美さん（以下、登美さん）も大吉さんを信じました。やがてビジネスは立ち上がり、今ではお客さんが東京や大阪などの都会からわざわざこの町にやってくるまでになったのです。

大吉さんと登美さんは、この創業時の想いを今でも大切にし、会社の方針として全社員に共有しています。それは、「We are here!!（私たちは、この地を愛し、根のある暮らし方をデザインする）」という社是です。

この社是にある「根のある暮らし」という表現から、私たちは登美さんのエピソードを思い出しました。

登美さんは三重で生まれ育ち、名古屋で大吉さんと知り合いました。その後、この町に来て結婚式を挙げたときに、親戚の人から、「草の種は、たとえ落ちたところが岩の上でも、そこに根を下ろさねばならない」と言われたそうです。当時は、この町も過疎化が進み荒廃が目立った頃で、まさに岩の上だったのです。

しかし、登美さんは不思議と、「ここが、私の居場所。大丈夫、ここならやっていける」と思ったそうです。そして、何年か暮らすうちに、「遠くのことを思うより、さずかった場所をよしとして生きていこう。この地に根を下ろし、それを幸せとして受け入れていけば、何かが見えてくるはず」と思うようになったと言います。

大森の町に根を張り、芽を出して、そして花を咲かせた大吉さんと登美さん。お2人の人生そのものを、この社是が表現しているのではないかと思えてきます。美辞麗句を並べただけの社是を掲げる会社が多いなか、石見銀山生活文化研究所の社是は、重みが違います。

思いを込めてモノを売る

石見銀山生活文化研究所は、「群言堂」というブランドで、衣料品や日用雑貨を販売しています。しかし、この会社が販売しているのは、単なる衣料品や日用雑貨といったモノではありません。登美さんは言います。

「商品が生みだす空気感や売り場全体が醸しだす世界観が、商品と一体となり、それが売上につながっているのではないか」

群言堂の商品は、手づくり感にあふれ、どこか温かみがあります。大量生産したような均質な感じはありません。また、売り場も歴史ある古民家を改修した本格的なものです。棚やテーブルなどの備品も、取りためておいた廃材を有効利用しています。これらの廃材は、廃校となった学校を借りてストックしてあります。他社が同じコンセプトでビジネスを始めても、簡単には真似できません。群言堂は田舎の魅力や古いものの魅力そのものを商品にすることに成功したのです。

また登美さんは、「モノにどれだけ思いを込められるかが大切であり、思いを込められずにモノを売るのは単なるモノ売り」と言い切ります。この会社では、単に売上が上がればいいのではなく、ものづくりを通して、お客様にどれだけの思いが伝えられるかを大切にしていきたいと考えているのです。売上の数字だけを追い求めて四苦八苦している会社とは一線を画しています。

それでは、群言堂のものづくりの考えとは何でしょうか。それは、「群言堂が作りたいモノ、売りたいモノ十ヶ条」の中に謳われています。

・作り手の愛情が感じられるモノ
・日本の伝統文化と技が受け継がれているモノ
・日本の季節が感じられるモノ
・日本の色調が美しく出ているモノ
・時間の経過と共に美しく変化するモノ
・地域の資源を活用しているモノ
・どことなく懐かしさと愛らしさを感じさせるモノ
・贈り手が満足して受け取り手も満足できるモノ
・肌を通して上質感が伝わるモノ
・モノの力と価格のバランスが納得できるモノ

このものづくりの考え方の背景にあるのが、「復古創新」「もったいない!! 精神」「社会性と事業性の両立」という、石見銀山生活文化研究所の3つの経営理念です。

「復古創新」とは、日本の生活文化に則り、古き良きものを活かしつつ、新しき良きものを創るという考え方です。

「もったいない!! 精神」とは、古くからの日本社会に引き継がれている、資源としての素材を最後まで使いきり、また活かしていくという考え方です。

「社会性と事業性の両立」とは、経済重視・利益重視だけでなく、真に豊かに暮らせるかどうかで物事を判断するという考え方です。

これらの理念は、創業の際の熱い思いや後述する古民家再生での気づきなどが原体験となって生まれたもので、石見銀山生活文化研究所の本質といえるものです。

石見銀山生活文化研究所が大切にしている「目に見えない企業資源」

他郷阿部家が教えてくれた経営哲学

石見銀山生活文化研究所の関連会社に、他郷阿部家という社名の会社があります。他郷阿部家は、古民家を活用した宿泊研修の場であり、交流の場です。また、生活文化の実践検証と創造発信の場でもあります。他郷阿部家は、寛政元年（１７８９年）に創建され、島根県の重要文化財にも指定された武家屋敷で、銀山付役人の阿部清兵衛の子孫が代々住んでいました。しかし長い間空き家で朽ちかけた状態となっていましたが、修復により息を吹き返しました。それが、現在の他郷阿部家です。他郷阿部家には蔵を活用したシアタールームがあります。そこで、再生前の他郷阿部家を写したＤＶＤを見せてもらいました。屋根ははげ落ち、壁も壊れ、床は抜けていました。人間でいうと瀕死の状態です。普通の人が見たら、取り壊すしかないと思うでしょう。

しかし登美さんはそのとき、再生できると思ったそうです。面白いことに、同じものを見ても違う未来を想像しているのです。事業の成功と失敗の分かれ目は、このような単純なところにあるのかもしれません。そして登美さんの確信どおり、他郷阿部家は10年の歳月をかけて改修することができました。見事に生き返ったのです。

他郷阿部家の奥座敷の床の間に、「心想事成」という掛け軸があります。心想事成とは、心に想う事が成るという意味です。この言葉どおり、修復前に心に描いていたものが、あきらめずに努力を続けたことにより、時間はかかったものの現実となったのです。会社が大切にしている言葉が、そのまま会社の歴史を表していることに、私は感動を覚えました。

傷んだ状態の古民家を再生するには、多額のお金がかかります。他郷阿部家の場合、屋敷の取得にもお金が必要だったため、修復にそれほどお金をかけられる状態ではありませんでした。そのため、捨てられたものをできるだけ拾い、活用しました。他郷阿部家の台所にあるストーブは、地元の小学校で使わなくなったものをもらったものですし、テーブルもいらなくなった廃材で作ったものです。しかし、不思議と他郷阿部家の全体の雰囲気にマッチしています。ストーブやテーブルも、ゴミとして捨てられずに新たな役割をもらって、さぞかし喜んでいることでしょう。

また、十分な予算がないため、修復工事も少しずつしか進みませんでした。本来なら一気に工事したいところですが、ここが終わったら次、というペースで、ゆっくりと進めざるをえませんでした。しかし、じっくりとイメージをふくらませながら、内容を充実させることができたので、これも2人にとってはかえって好都合だったそうです。

お金がないことを理由にビジネスがうまくいかないと愚痴をいう経営者も多いなか、発想を転換し、お金がないことを成功要因に変えていった好事例です。

社員の成長を喜びとする人財育成

石見銀山生活文化研究所の社員は120名。そのうち、40名が地元の住民です。過疎化の進んだ町でしっかりと雇用を創出して、社員に給料を払っています。経営の舵取りが難しい今の時代、雇用を創出し、維持すること自体が社会貢献です。まさに、地域にはなくてはならない存在なのです。

石見銀山生活文化研究所のワークステーション（本社社屋）は、大森町ののどかな田園風景のなかにあります。鉄筋モルタルのシンプルな建物ですが、外壁には錆びたトタンを用い、屋根瓦は昔の石州瓦を使っています。これも味わい深さを醸しだして、周囲と調和しています。

ワークステーションのなかに入るとびっくりします。機能的なレイアウトになっており、若い社員の方がパソコンを使って働いているからです。社員の平均年齢は35歳。重ね重ね失礼ですが、高齢化が進んだ過疎の町にある会社の様子とはとても思えません。

最近では、東京や大阪などの大都市からも就職希望の若者が訪れるようになりました。しかし、採用人数も決めていないし、就職試験もありません。ご縁やつながりが感じられなければ、優秀な若者でも入社をお断りすることもあるそうです。むしろ、少し問題のありそうな子を好んで採用します。最初はいろいろと問題があっても、辛抱強く見守っていると、表情も明るくなり、どのような仕事にも真剣に取り組むようになるそうです。社員を信じると、社員もそれに応えるように変化していく。このことが大吉さんと登美さんの喜びなのです。

また、社員は短期間のローテーションによりいろいろな仕事を経験し、自分の適性に気づきます。得意分野が見つかると、人が変わったように生き生きするそうです。古民家だけでなく、社員も再生させるのが、石見銀山生活文化研究所なのです。

ワークステーションの隣に茅葺屋根の家がありますが、これが社員食堂です。広島の築250年の豪農屋敷を移築して立てられたものです。中心に囲炉裏があり、広々としたスペースや縁側もあって、目の前には美しい田園風景。都会で働く者からすると、非常に贅沢な社員食堂です。このような場所で、縁側で足をブラブラさせながら、一緒にワイワイガヤガヤと昼食をとることができる社員の方々をうらやましく思いました。社員寮も、再生古民家です。味わいのあるおしゃれな再生古民家に若い社員が住んでいます。これも、他の会社には真似のできない贅沢な福利厚生施策といえるでしょう。

取引先も大切にする会社

中国の古典の一つ、「書経」には、次の記述があります。

「草根木皮（漢方薬）、これ小薬。鍼灸、これ中薬。飲食衣服、これ大薬なり」

食べ物はもちろん、衣服が健康に及ぼす影響の大きさを説いていますが、服は、「服薬」「服用」などの言葉でも分かるように、古来、病気を治す手段でもあったそうです。

群言堂の服は、手触りがいい、肌が喜ぶと評判です。それは生地づくりを生地屋さんと一体となって真剣にやっているからです。生地づくりから商品づくりをするアパレルメーカーは少ないのですが、群言堂の商品は生地づくりから始めます。どのような糸を使うか、どのように染めるか、どのように織るか、そこから考えていきます。

大吉さんと登美さんは、いい生地の素材を求めて全国各地を回りました。昔ながらのスローなスピードで織る、風合いのよい天然繊維を見つけ、そこで真摯にものづくりに励む職人さんたちと出会いました。

アパレルメーカーのなかには、無理なコストダウンの要求など下請けに対してひどいことをしてきた会社もありますが、石見銀山生活文化研究所は違います。サンプルでもすぐ代金の支払いをするなど、誠実な対応をして職人さんの信用を得ました。そうすると、いい生地ができるとすぐに知らせてくれるようになりました。また、技術的に難しい要望に対しても、創作意欲を刺激されたといってチャレンジしてくれるようになったのです。群言堂の服づくりは、こうした職人さんに支えられています。

世間では衣料の海外生産が増え、職人さんの仕事は減っています。また、職人さんの高齢化も進んでおり、すばらしい技術が絶滅の危機にあります。大吉さんは、「いい技術を持った職人の仕事を滅ぼしてはいけないので、これからも発注していく」と言います。このように職人さんと、お互い助け合いながら、ものづくりに取り組んでいる姿勢がすばらしいと感じるのは、私だけではないでしょう。

石見銀山生活文化研究所が育む「共感資本」と価値のらせん的発展

バブル経済が終焉し、リーマンショックや東日本大震災を経験し、日本人の価値観にも変化の兆しを感じます。大量生産・大量消費の使い捨て文化を反省し、地球や自然と共存できる循環型社会への移行を目指しています。しかし、日本人のライフスタイルは元来、地球や自然と共存した持続可能なものであったはずです。昔の生活様式に、これからの日本人の生き方のヒントが含まれているのではないでしょうか。

石見銀山生活文化研究所が大森の町から発信する衣・食・住に関する情報は、深いレベルで共感できるものですし、これからの時代に必要な考え方です。実際に商品を手にしたり、サービスを受けたりすると、気持ちが和み、自然と親しい人に情報発信したくなります。日本人がこれまでの価値観を手放せば手放すほど、共感の連鎖により、この会社は、これからますます注目される会社になるでしょう。

コラム　ファストファッションとスローファッション

銀座をはじめ、人が集まるところを歩いていると、ZARA、H&Mといった、いわゆるファストファッションの店を目にすることが増えた。

ファストファッションとは、流行を採り入れつつ低価格に抑えた衣料品を大量生産し、短いサイクルで販売するブランドやその業態のことをいい、安くて早い「ファストフード」になぞらえた造語である。確かに、不況のなかで、低価格で感度の高いファストファッションの人気が高まっていることは理解できる。しかし、その安さには、隠れた真実があるともいわれている。

欧米の株式公開をしているグローバルリテイラーのGAP、ZARA、H&Mなどは、自社で販売されているファッション商品が社会的ルールに則って生産、調達されているかどうかという「フェアトレード問題」にシビアだそうだ。しかし、一部においては、さまざまな問題が指摘されている。

たとえば、低価格を追求するあまり生産業者に無理強いをし、結果として法外に安い賃金、長時間労働、児童労働などが行われていることもある。

デザイン模倣問題もある。納入業者がデザインを行うODM（Original Design

Manufacturing）形式で買付を行うときに、その商品が、有名ブランドのデザイン・意匠を露骨に模倣して生産されることもある。この疑いで、フォーエバー21が過去に数十件の訴訟に対応したのは有名だ。

また、日本では一人あたり1年で10キロの服を買い、9キロ捨てているという。これは環境の面からも問題と感じるのは私だけではないだろう。

その点、アンフェアな取引とは無縁で、楽しく、おしゃれに、環境や他人も犠牲にしないのが、群言堂が社是に沿って実践してきたファッションだ。ファストファッションに対比して「スローファッション」といった表現になるだろうか。

自由主義経済がもたらす影といえばそれまでだが、ファストファッションの安さの裏側には、発展途上国の女性や子ども、地球環境の犠牲があることを、私たちはもう少し知っておく必要があるのではないか。

21世紀をつくる「価値ある企業」事例 7

捨てられる運命にある魚を流通させ、
漁業従事者に夢と希望を提供する流通企業

「旬材」

旬材が創造している「社会共通の価値」

漁業を取り巻く環境

かつて世界一の生産量を誇った「水産王国ニッポン」は、今や世界6位（2005年）と落ち込んでいます。生産額のピーク時（1984年）には1282万トンあったものが、2006年には半分以下です。

この原因のひとつは、漁業資源の枯渇です。1960年代の高度成長期から現在に至るまで、埋め立てや干拓により「前浜」は潰されてきました。象徴的なのが、諫早湾干拓です。1989年より工事が行われ、1997年に潮受け堤防が閉じられたときには報道でも取り上げられたので、記憶に新しいのではないでしょうか。かつては「宝の海」といわれた有明海に、海底への泥の沈殿や水質汚染が生じ、有明海全体が死の海と化し、奇形魚の増加、海苔の色落ちなど重大な漁業被害が発生したとして、沿岸の各漁業協同組合の猛反対となり、未だ解決の活路を見出せない状況です。

　こうして日本近海の魚が捕れなくなっていることに加え、排他的経済領域、いわゆる200海里が設定されてからは日本の経済領域中心でしか魚が捕れなくなったこともあり、現在では、消費量の4割を海外からの輸入に頼らざるを得ない状況になっています。

　また、漁業就業者（沿岸漁家）数は減少傾向にあるだけでなく、高齢化が進み47・9％が60歳以上となるなどもあり、日本の漁業が衰退してきているのです。

　そうしたなか、ヤンマーの関連会社であるヤンマー造船で、桃山学院大学卒業（社会人になってから神戸大学でMBA課程を修了）以来、28年間で約1万隻以上の船の製造にかかわってきた西川益通《ますみち》さんは、衰退していく漁業の状況を見ながら憂いていたのです。

　そんなおり、全国の港を回っていた西川さんにある漁師の方が、「売れない魚があるのだが何とかできないか」といった話をしたのが、旬材を立ち上げたきっかけです。

　2002年に旬材を立ち上げた当時、3兆2000億円の魚の市場流通がありましたが、そのうち1兆8000億円が海外からの輸入であり、7500億円が市場流通に乗る魚でした。しかしその一方で、市場外で流通する魚が6500億円ほどあったのです。つまり、マーケットで流通する魚と同等に近い量の、市場流通されない魚が存在していたのです。

　なぜ、市場流通に乗らない魚があるのでしょうか。かつて、街の魚屋さんでは、一匹の魚をそのまま売ったり、その場でさばいて販売していました。しかし、スーパーマーケットでの販売が多くなり、また、働く主婦が増えたことから、簡単に調理することが求められ、切り身が中心になりました。切り身が中心になると、サイズが大きすぎたり、小さすぎたりといった魚は、取り扱いがしにくいために敬遠されるのです。

また、イオンのような流通大手は、100ケース単位での仕入れになりますが、そうした注文に応えられるのは、水揚げ量が大きな港だけです。つまり、10~20ケースしか出荷できないような小さな港の魚は、収穫されても流通しなくなっているのです。さらに、アジ、サバといった定番の魚は需要がありますが、あまり知られていないような魚になると、販売先を見つけるのは大変です。

つまり、スーパーマーケットの台頭は、安定品質、安定供給、安定価格、定時納入ができる定番の魚だけが取引対象になったのです。

小さな漁港の漁師にもたらした収入とやりがい

そこで旬材は、市場流通しない魚に特化することにしました。具体的には、独自の流通ルートを開拓するために、定着化しつつあったネットを活用し、漁業従事者と各地の飲食店を直接つなぐビジネスモデルを考え実施しました。

旬材のビジネスモデルは、漁業従事者に非常にやさしいモデルになっています。小さな港の漁業従事者であっても、捕れた魚の数量と価格を携帯端末に入力し、わずか2％の手数料を払いさえすれば直接販売できるので、収入増につながります。また、「今年の秋刀魚は、脂がのって美味しかったね」といったお客様からの反応を直接感じることができるといった楽しみも提供しました。

このモデルは、飲食店にとってもメリットがあります。市場を介さずに生産者と直接取引するため、価格も2～3割程安く買うことができます。前日の深夜に飲食店から注文を受け、翌早朝に買い付けて営業開始までに届ける機動性や、小口配送に対応する使い勝手の良さも支持を得ています。

さらに、他店にない食材で差別化を図りたい飲食店と、市場流通に頼らない独自販路の確立で収入の柱を増やしたい生産者、さらに、取引量が増えれば旬材も収益を得ることができるという三方よしの持続可能なモデルなのです。

このビジネスモデルが、軌道に乗り、現在では、全国で2000店舗近くの量販店や飲食店との直接取引が行われるまでになりました。

そして、地域振興、へき地・遠隔地の活性化、雇用創出、ここにかかわることが流通を促し、地球環境保護にと、社会価値を高めているのです。

四季がある日本の旬を楽しむ食文化を守る

世界でもっとも美しいといわれる日本の自然は、四季折々の変化に富み、私たち日本人の独特の感性を育んできました。空を眺めて雲の流れが西から東に流れるのを見ると、年間を通して強く吹く偏西風（地球の中緯度に位置する日本は、地球の自転により恒常的に強く吹く）を感じます。また、夏には南海上に高気圧（小笠原気団）が張り出し南寄りの風が吹き、冬になれば、ユーラシア大陸内陸の気温が下がることによる低気圧（シベリア気団）により、北から風が吹く等、季節風（モンスーン）にも強く影響されるものです。

さらに、島嶼であるため、全般に気温変化が穏やかで降水量が多い海洋性気候、南北に長大である国土による気温差、列島の中央を縦走する山岳地帯を境にして、太平洋に面している地域（太平洋側）と日本海に面している地域（日本海側）とで天候の違いと、日本の中でも、その土地その土地を感じることができます。

こうした日本の自然は、私たち日本人は他に類を見ないほど季節の食材を多彩に利用した食文化を生んだのです。

今日、野菜や果物であればビニールハウスによる栽培温度の調整、魚であれば冷蔵・冷凍技術により、年間を通してほとんどの食材を味わうことができるようになりました。しかし一方では、日本の風土のなかで、長年培った四季を楽しむ心や食文化が失われつつあると感じるのは、私だけでしょうか。

ここにも旬材が提供している価値があります。長期保存が可能な瞬間冷凍の技術はすでに存在しますが、そうした話題をなげかけても、西川氏はまるで興味を示しません。

西川さんは言い切ります。「いくら冷蔵・冷凍技術が発達しても、獲れたての魚にはかなわない。人為的に旬をずらし、相場が高いところで売るようなビジネスは、日本文化を損なうだけでなく、〝旬材〟の社名に偽りありとなってしまう」

なぜ旬の魚が流通しなくなってきたのかを、少し詳しく振り返ってみましょう。

昭和30年代までは、生産者がその産地の市場に商品を出荷し、そこで産地の価格が形成されました。それを産地出荷者が各消費地の中央卸売市場等に出荷し、卸売市場では卸会社（産地から商品を集荷する会社）と主に仲卸会社（商品を仕入れ小分けして小売店に卸売りする会社）との間で、「せり」という取引方法により消費地市場の価格が決定されます。当時は、供給と需要の適合で公正に価格を決定する手段として「せり取引」が最良と考えられたのです。こうして仲卸が仕入れた商品を各小売店が必要な量だけ仕入れ、調理等をして店頭に並べ消費者に販売するという流れでした。

この中央卸売市場を中枢とする流通の仕組みは「生で腐りやすい」という商品特性と流通両末端（生産者と小売店）が小規模、零細だった時代には、もっとも効率的で公正な仕組みだったのです。

しかし、急速な技術革新と経済成長によって流通環境は大きく変わっていきました。特に昭和40年代には、全国的な高速道路網の整備や冷凍技術の進歩、大手水産会社等による全国的な冷蔵庫施設の整備、また消費地にあってはスーパーマーケット等の多店舗展開、大型化とめざましい変貌を遂げていきます。

この変革がもたらしたものは、「生で腐りやすい」という商品特性そのものの変化と流通業の規模の拡大です。これらは消費地の卸売市場のみに依存していた流通の仕組みを大きく変え得る要因となりました。消費地市場を経由しないで産地、あるいは加工場から直接、小売店へと流れます。この流れは「産地直結」「市場外流通」と呼ばれ、徐々に取引額を増やしていったのです。こうした変化により、腐りやすい魚は、まるで工業製品のようになっていったのです。

西川氏が、日本全国の産地から直接買い付けた魚のインターネット販売を始め、社名を旬材とした理由のもうひとつが、日本の食文化を守ることへの想いなのです。

そのため、採れたての魚を、中間流通を抜くことで時間と流通コストを削減し、季節の旬の新鮮な魚を直接消費者に届けようとしたのです。

さらに、大切なことは食育です。消費者にさまざまな魚を提供し、美味しく食べてもらうことです。このため、一般社団法人日本食育者協会と連携して、シーフードマイスターの育成にも注力しています。現役のシェフ、料理研究家、鮮魚店経営者、管理栄養士、水産学の研究者などが講師となり、これまで大阪や愛媛・鹿児島において講座を行いました。ここで学んだ小売店の販売担当者や漁業関係者などの幅広い人財が、魚の価値と美味しさを社会に広めているのです。

旬材が大切にしている「目に見えない企業資源」

取引先と地域社会とを結ぶ

旬材の西川さんは、学者や国からの協力を得て、ITとEDIを活用した新水産物流通システムSCSS（Syunzai Circulation System Service）を開発しました。

SCSSとは、取引にかかるメッセージを通信回線間で交換して電子商取引を行うEDIの技術と、インフラとなったブロードバンドを使い、動画や音声で、全国の漁港や市場の水揚状況、水揚高、相場、生産者、漁場などの情報を一元的に発信します。

動画や音声は、漁業関係者がデジタルビデオカメラに収め、この情報を購買者や消費者に向けてリアルタイムで発信します。購買者や消費者は、ウェブサイト上で漁場や魚種別に検索でき、当日の水揚高に応じて決定される数量や価格に基づいて買い付けることができます。さらに、複数の産地から必要量を買い付けることもでき、出荷の指示、取引や決済情報のやりとりを同時にできるのです。

　このシステムにより、産地では魚介類の水揚げから流通まで一貫したシステムで管理することができ、商品は購買者や消費者に直送されます。

　産地から購買者や消費者までの配送日数は、市場流通なら複雑な流通過程を経て、長ければ5～6日要していたものが半日から2日程度へと大幅に短縮できるとともに、流通経費も削減でき、商品の価格は市場実勢価格よりも2割程度安くなります。そして最大のメリットは、購買者や消費者が直接目で確認して、商品を新鮮な状態で、速やかに配送してもらえる点です。

　西川さんが旬材の仕組みを説明すると、「いくらでこのシステムを売ってくれるのか？」といった質問を受けるそうです。しかし、実際の旬材の企業資源はシステムではないのです。

　西川さんは、ヤンマーを2002年に早期退職して、55歳で旬材を立ち上げました。ヤンマー造船は、漁船製造及び小型船用エンジン販売では約7割のシェアを持つ最大手です。そこで西川さんは、日本の漁業を支えることに28年間を費やしてきました。漁船は一隻一隻、オーダーメイドで製造します。設計から完成までは半年以上かかり、何度も打ち合わせを重ねる過程をとります。船が完成しての初めての漁には、漁師さんと一緒に同行して、魚が捕れるまで付き添うことも少なくありませんでした。もともと、技術系の大学を出たわけでもない西川さんに船のことを事細かく教えてくれたのは、実は、お客様でもあった漁師だったのです。

ヤンマー在任中の約30年間、漁師とともに寝泊りして設計図を引き、漁船を作り、販売するといった仕事は、多くの漁業関係者、漁師・漁協・漁港の仲間をつくり、絆を深いものにしていきました。

同じ第一次産業である農業も同じ構図にあります。農協との長年の付き合いがあり、先祖代々の土地を守るといった意識から、単に損得だけの新規参入者にはご協力をいただけないのです。オイシックスの創業当初、代表取締役社長を務める高島宏平さんが、有機農産物を中心としたネット販売の仕組みを組んだものの、農家から仕入れることができず、日本酒の一升瓶を持って関係づくりから始めたことは有名な話です。

つまり、いくらシステムを組んでも、そのシステムを活用してくれる人がいなければ機能しません。長年にわたり築き上げてきた人的ネットワークこそが、旬材が持っている最大の企業資源なのです。そして、こうした人的ネットワークは、たとえ大手であったとしても簡単に築くことができないものなのです。

旬材が育む「共感資本」と価値のらせん的発展

旬材の取り組みに対して、漁業関係者はもちろんのこと、国をはじめ、学者、通販会社他、多くが共感して一緒に取り組むことで、社会に対する価値を高めています。

会社設立間もない頃、国土交通省から一本の電話がかかり、話を聞きに行ったところ、離島で捕れる魚の流通を促進させてほしいとの要請でした。「離島の魚が動かないのは、情報が動かないからだ」。パソコンとビデオカメラさえあれば、音声と映像は簡単に送れると考え、前述のSCSSのシステムが生まれたのです。

2008年、レストラン等の顧客を数多く持つ株式会社インフォマートとの提携、同じく東京証券取引所市場第一部の上場通販会社フェリシモとの提携など、相互の価値が相乗効果となり、らせん状に高まってきています。

西川さんの、ヤンマー時代にお世話になった日本の漁業関係者に恩返ししたい、日本の食文化を守りたい、といった想いが共感を生みだしているのです。

コラム 持続的成長という言葉が虚しくなる日本漁業の現状

羽田空港の弁当売場で、私はよく鯖寿司を買って食べるが、原産地をみるとノルウェー産という表示がある。食品スーパーでも原産地表示が義務づけられてからは、各国の魚介類が並んでいることが分かるが、ノルウェー表示のサバが売られている。かつて、日本の漁港で水揚げされるサバは、大衆魚の代表としてアジやイワシと同様、日本の食卓に並んだものである。しかし、現在となっては、日本のサバは未成魚であることが多く、やせ細って「ローソクサバ」と呼ばれて海外に投げ売りされるか、養殖の餌になっているのが実態である。

なぜ、このようなことになってしまったのだろうか？　その要因になっているのが無秩序な乱獲である。特に、幼魚である十分に育たない状況で獲ってしまうことの影響は大きい。産卵する前の幼魚で獲ってしまえば枯渇するのは目に見えている。さらに、魚群探知機などで漁獲の技術が上がり、乱獲に拍車がかかってしまったのである。

このことは、漁業者の収入面や国の財政においても悪循環を生みだしている。たとえば、サバが0歳100グラムの状況で漁獲されれば、産卵もできないだけでなく、10尾65円でしか売れず養殖の餌になってしまう。しかし、3歳500グラムになれば、産卵するだけでなく3尾260円で売ることができ生鮮食材になる。

実はノルウェーも、1970年代には、今の日本同様、過当競争からの乱獲による資源枯渇で経営が破綻し、補助金漬けの悪循環に陥っていた。そうしたなかで漁業政策を転換し、20年がかりで漁業を立て直してきたのである。ノルウェーの漁業は日本と類似しており、個人経営に加え漁業組合が強く、小規模漁村が無数に存在。漁民が政治に大きな影響を与えている。

では、どのように立て直したか。たとえば、重要な資源であったニシン漁を禁止したのである。当初、反発や経済の混乱はあったものの、漁獲規制効果は徐々にあらわれ、80年代になるとニシンの資源は回復。その後も資源の持続性を考え、漁獲量をコントロールし、成魚になってから高く販売するといったように量から質の漁業に転換したのだ。

その他、漁獲枠も漁船ごとに配分し、漁業者が早獲り競争にならないようにしたのである。一方、日本は世界一の水産土木大国といわれるように、漁港は世界的に見ても立派であるが、水産業が衰退している実態を見ると政治の差が大きいのは明らかである。まして、資源枯渇といいながら、獲った魚の半分を捨てている現状は、明らかにおかしい。

漁業者個人の努力では、こうした構造的な問題から脱皮できない。日本の国債の発行額の多さが大きな問題になっているが、税金、さらに、借金までして運営している予算の使い方を考える必要がある。

つまり、単に補助金を出すといったことではなく、ノルウェーが復活したと同様に、漁業大国日本は、我々の力で十分再生可能なのである。

21世紀をつくる「価値ある企業」事例 8

「めのや」

先史時代からの勾玉の伝統を守るアクセサリー会社

めのやが創造している「社会共通の価値」

創業百年をこえる老舗企業

「メノウ」の加工・販売や天然石アクセサリーの販売を展開する株式会社めのやは、明治34年（1901年）創業という老舗の会社です。現代表は四代目の代表取締役社長、新宮正朗氏（以下、新宮さん）。創業の地は、島根県松江市玉湯町。玉造温泉で有名な場所です。玉造は、その名が示すように、古代から勾玉《まがたま》など玉類の国内有数の産地でした。

創業者は、近隣の山から産出される赤メノウや青メノウを加工して、勾玉などを製作し、玉造の温泉街で「めのうやしんぐう」として販売を始めました。それが、「めのや」の起源です。めのやには、創業以来メノウの加工技術を受け継ぎ、勾玉製作に長年かかわってきた石屋としてのバックボーンがあります。

ところで勾玉は本来、単なる流行のアクセサリーではありません。勾玉の歴史は古く、何と縄文時代後期から作られています。『古事記』にも、スサノオノミコトがヤマタノオロチを退治したあと玉造の勾玉を天照大神に献上し、それが皇位継承の印である三種の神器のひとつ「八尺瓊勾玉《やさかにのまがたま》」となったと記されています。勾玉は病気や身に降りかかる悪い事柄から身を守り、夢や希望に向かって見守ってくれる石であり、持つ人に安心感や癒しをもたらすと伝えられています。

そして「めのうやしんぐう」は、天皇陛下が即位をされる際の献上品の勾玉を製作したり、また、出雲大社の代々の宮司様が新任される際の献上勾玉の製作をしたりするなど、重要な役割を担ってきました。

新宮さんのご自宅の隣には大きな公園があります。玉造部の先人たちは、ここで、今から約1700年も昔から、メノウを使って勾玉等の玉類を作っていたそうです。この地で作られた勾玉は、北海道から九州まで全国の遺跡で発掘されています。交通機関も何もない大昔に、先人たちは勾玉を遠くまで運んでいたのです。時間もかかり、危険も伴ったでしょう。今にすれば、地球の裏側よりももっと遠いところかもしれません。少し想像を膨らませると、古代の先人たちの情熱とロマンが伝わってきます。

新宮さんは、自分にできることは、この先人のロマンを引き継いで、脈々とした勾玉の歴史と伝統文化を後世に伝えていくことだと確信しました。

使命を守り続けるには、純粋な想いが何より大切です。しかし、現実的には、勾玉を製作する職人さんの人件費をはじめ諸々のお金も必要です。

残念ながら、めのやに対して、別に国が助成金を出してくれるわけでもないし、誰かが多額の寄付をしてくれるわけでもありません。使命感だけでは、職人の技は消滅してしまうのです。当然ですが、事業を通じて自分で稼ぎ、自分で存続させていくしか途はないのです。今では、めのやの全売上に占める勾玉の売上は数%にしかならないそうですが、その数%を大切に守っていくために、めのやは日々努力しているのです。規模を拡大したり、業界一位を目指したり、金儲けをするために努力しているわけではないのです。

そのため、どうすれば、長年受け継がれてきた勾玉の伝統を守ることができるかを、新宮さんは考えています。新宮さんにとって、赤字が続いて倒産することは許されないことですし、また、経営の基盤を不安定にすることによって、会社存続の危機を招くことも許されないことなのです。目先の業績にとらわれて、勾玉の伝統を犠牲にすることは絶対に避けたいのです。

めのやが大切にしている「目に見えない企業資源」

めのやの変革の原点

めのやは、ここ10年以上、順調に成長を続けています。店舗も北海道から沖縄まで全国各地に100店舗以上あります。店舗業態も多様化し、郊外型ショッピングセンターへは「アナヒータストーンズ」、都心型ショッピングセンター・駅ビルには「Karasade(からさで)」、観光地の路面店には「たまゆら」「みすまる」という4つの業態で展開しています。最近では韓国や香港、中国にも進出しています。不況にあえぐ小売店が多いなか、まさに飛ぶ鳥を落とす勢いです。

しかし、めのやも好調なときばかりではありませんでした。

めのやの創業の会社である「めのやしんぐう」は、玉造温泉の賑やかな温泉街にあり、観光客に対して、主にメノウの販売を行って繁盛していました。しかし、温泉街の低迷とともに売上も減少し、倒産の危機にも見舞われました。そこで、昭和60年に「いずもめのう細工伝承館」を出店しますが、これも団体観光客の減少等により、平成5年をピークに売上が徐々に減少していきました。新宮さんは、当時を振り返り、どうしていいのか解決策が見出せなく現実逃避の毎日だったと語ります。

平成10年、そんな新宮さんにさらなる残酷な現実が突きつけられます。英国留学から帰ったばかりの大切な御長男の突然の死です。

新宮さんは、その年の暮、庭に降る雪をぼんやり眺めていたとき、なぜだか涙がとめどなく出てきてどうしようもなくなりました。そして、次のような思いにとらわれます。

「来年になれば、いよいよ50歳か、親父が70歳で死んだということは、この雪景色を見られるのもあと20回しかないんだ。僕は、子どもまで亡くしながらこの50年いったい何をしていたんだろう、自分は何のために生まれてきたんだろう。何で自分の子どもだけが不幸にならなくてはいけないのかと責任転嫁ばかりしてきたんじゃないか？」

世間が悪い、社会が悪いと周りばかりを責めていた自分が嫌で嫌でたまらなくなって、あふれるように涙が出てきたそうです。

しかし、一方で、「あと20年しか生きられないかもしれない自分を変えたい、何としても今までの自分ではない自分に変わりたい。自分で変わろうとしなければ誰も自分を変えてくれないんだ、すべてを自分の責任なんだと受け入れよう！」と強く思うようになったそうです。

それからです。新宮さんの身辺では不思議なことばかり起こるようになりました。導かれるように、必要とするときに必要とする人が現れ、困ったなという人は自然に去っていき、なぜか怖いくらいにいいことばかり起こりました。うまくいかないことがあっても、後から振り返ると、あのときはうまくいかなくてむしろよかったと思えることでした。

新宮さんは、ひげを生やしていらっしゃいます。小売業を営む者がひげを生やすことはよくないと承知のうえです。しかし、新宮さんにとって、このひげは、自分を変えていこうと決意した証なのです。大きな気づきを与えてくれた亡き息子さんに、毎朝鏡の前で、よし頑張るぞと誓うために生やしています。この誓いが、めのやの変革の原点なのです。

経営理念とその浸透策

めのやには、５つの経営理念があります。

・従業員にこの会社にいて良かったという会社をめざします。
・お客様にこの会社があって良かったといわれる会社をめざします。
・地域社会にこの会社があって良かったといわれる会社をめざします。
・先人たちにこの会社があって良かったといわれる会社をめざします。
・社員一人ひとりの日々新たな成長こそが会社の発展となり、豊かな社会づくりに貢献し、
　そして世界平和を願う会社です。

従業員、お客様、仕入れ先、ディベロッパー・大家、地域社会、勾玉の伝統と技術を伝えてくれた先人、これら会社にかかわるすべての人に感謝され信頼されれば、みんな幸せだろうし、戦争なんて起きないだろうなという想いから、経営理念を策定しています。

めのやは、いつの日か、「日本でいちばんよい会社に勤めている」と社員に言われる会社を目指して日夜経営に励んでいます。なぜなら、お客様にこのお店があってよかったと満足していただくには、社員がこのお店が好きであり、商品が好きであり、何よりこの会社で働いてよかったという想いがなくてはできないと考えているからです。社員の笑顔がなければお客様の笑顔を見ることはできないし、従業員が幸せと感じられなければ、お客様のありがとうはないと考えているからです。

また、お客様に対しても、単にモノを売るのではなく、このお店がお客様の人生に一瞬でも「安らぎ」や「愉しさ」を提供できるようにしたいと考えています。なぜなら、モノ余りの時代、お客様はモノが欲しくて店に来るわけではなく、お店の接客や商品を通して、少しでもいいことが起きるかもしれない愉しさや夢を感じることを期待して店を訪れるからです。

しかし、経営理念をつくるだけでは、社員には浸透しません。めのやでは、経営理念の浸透策の一環として、社長通信という小冊子を作成し、正社員のみならず、アルバイトにまで全社員に毎月配布しています。

社長通信は、その月に起こった出来事などについて新宮さんが考えていることをまとめたものです。社長通信には、経済全般のことや業界の動向、読んだ本や企業視察の感想、また会社の沿革や理念の背景についても述べられています。各店舗の業績や人事情報、経営情報、お客様の声についても書かれています。徹底がなされていないことや大切なことについては何度も繰り返し書いて、社員への浸透を図っています。

島根の本社では、毎週月曜日に社長朝礼を実施していますが、めのやは全国各地に出店しているので、全社員が社長の肉声を聞くことには限界があります。しかし、社長通信を読むと、新宮さんが飾らずに自分の言葉で書いているので、まるで直接話を聞いている感じで、社長の熱い気持ちが伝わってきます。

社長通信を読んだ社員から、さまざまな共感のメールや手紙が社長のもとに届きます。また、家族に社長通信を見せている従業員も多いそうです。さらに出店しているディベロッパーからも、「経営理念をしゃべるスタッフなんかめったにいませんよ。ましてやそれを理解し、実際に売り場でスタッフみんなが生き生きと働いて実践している。それがすばらしい」とお褒めの言葉をいただくこともあるとのこと。

新宮さんはまだまだと謙遜されますが、これらは、社長の声が社員に届いていることの立派な証だと思います。

社長と社員の深い信頼関係

社員が経営者に不信感を抱いている場合には、どんなすばらしい経営理念を策定しても、浸透することはありません。経営者と社員の間の信頼関係が不可欠なのです。社員は、経営者の背中を常に見ているのです。ここでは、新宮さんの背中をうかがい知ることのできるエピソードを2つご紹介します。

まずは、バースディカードのエピソードです。めのやには770名の社員がいますが、その全員に対して、新宮さんは直筆のバースディカードを送っています。単純計算で、毎日2通以上のカードを絶えず書いていることになります。社員数が増え続けるなか、これは大変なことです。しかし、社員一人ひとりに対して、心をこめたメッセージを万年筆でしたためるそうです。社員をコストとしかみなさない経営者が多いなか、新宮さんは、社員のことを家族のように考えているのです。

そして、東日本大震災の対応のエピソードもあります。めのやは、東北地方にも出店しています。たまたま北海道の店舗の社員が東北のお店に手伝いに行っていたときに、東日本大震災に見舞われました。新宮さんは、何かあったら社員の親御さんに申し訳ないという思いで、いてもたってもいられませんでした。そこで、大震災の翌々日、キャリーバックにたくさん食べ物を詰めこんで、交通機関が麻痺しているなかを山形と仙台に駆けつけたそうです。社員のことを心配する想いはあっても、なかなか行動できることではありません。新宮さんが社員想いの行動力のある経営者であることが分かるエピソードです。

このような社員想いの社長を、社員は放ってはおきません。新宮さんは、社員からも愛されています。会社の全体会議の後の飲み会では、社長は社員に囲まれ、社長にお酌するために長蛇の列ができるほどだそうです。

めのやが育む「共感資本」と価値のらせん的発展

新宮さんは、「土産屋」「コバンザメ」などといわれ、悔しい思いをたくさんしてきました。いつの日か、お客様が「ついで」ではなく、わざわざ足を運んでくださる店をつくりたいと思っていたそうです。

時が経ち、社長の思いが実現しつつあります。念ずれば花開くのです。今では全国のアナヒータのファンであるお客様が、出雲大社へ行ってみたい、本店としての「いずもまがたまの里伝承館」へも行ってみたいと訪れるまでになっています。

お客様が全国各地からわざわざ来るのは、めのやにはたくさんの「物語」があり、それが不思議とお客様を引きつけているからです。お客様だけではありません。多くの社員も共鳴し、新たな物語づくりに参加しているからこそ、物語はますます磨かれていきます。社員には、社長が会社の使命や経営理念を語りかけます。この役割の連鎖が共感の連鎖を生んでいるのです。

つくられた軽薄な物語は、お客様も敏感に察知します。しかし、めのやの場合、事業の背景に本物のストーリーがあります。これは簡単には真似できません。

めのやは、これからも勾玉の伝統を守っていくという使命感を軸にして、石を使った業態開発のパイオニアとして、国内はもとより世界へと夢実現に向かって歩み続けることでしょう。

コラム　一に立地、二に立地といわれるけれど……

東日本大震災を受けて、東京に集中した行政機能を他の地域に分散化させることが検討されている。その一方で、人口や経済は、都市部、特に東京への集中化が進み、地方分散化はなかなか進まない。

要因としては、第二次産業から第三次産業、いわゆる製造業から小売・サービス業への産業構造が転換したことが挙げられる。第二次産業が日本の地方都市に増えたのは、昭和31年の首都圏整備法及び関連法の成立によって既成市街地における工場立地規制や昭和36年に成立した低開発地域工業開発促進法による地方の低開発地域における工場立地の促進したことや、都市部に比べて地方の人件費が低かったことなどが挙げられる。

その後、グローバル化が進展し、世界的にみて低コスト国へ工場の海外移転が進んでいき、地域の雇用を支えていた工場は急激に減少した。こうした変化により地方の経済が衰退していったのである。

第三次産業の多くは、実際に人と人が会い、利用するといった同時性が求められる。小売業ではお客様が店舗で商品を見て選ぶ、美容院ではお客様が来店されないとサービスは提供できない。ホテルも人が宿泊する、といった行為が必要になる。こうした第三次産業の特質と、日本をはじめとする先進国のサービス消費が70％前後になっていることを考えると、人口が多いところでビジネスを行うほうが有利であり、人が集まっているところにますます人が集まるという構造になるのは必然だ。

めのやの新宮さんが「土産屋」「コバンザメ」といわれて悔しい思いをしたといった発言は、出雲大社に人が集まる恩恵で商売をしているのであって、めのやの商品が魅力的だからお客様が買うのではないといった認知から脱却したいという気持ちからである。

店舗展開しているところでは、一に立地、二に立地、三、四がなくて五に立地といったように、立地の重要性が言われる。そうしたなか、めのやはアナヒータストーンの歴史や価値を伝えることで、遠方から島根県の出雲大社や本店「いずもまがたまの里伝承館」にお客様が訪れるまでになっている。

島根県には、めのや以外にも、本書で取り上げたMランドや石見銀山生活文化研究所がある。Mランドは、運転免許取得だけでなく人間的な成長といった価値を提供して全国で一番の生徒を集める自動車学校であるし、石見銀山生活文化研究所は、心温まる衣服に加え、人口４００名しかいない大森町に残る文化も合わせて提供することで、１２０名もの雇用を創出している。

一方、東京に集中した小売・サービス業の多くは現在、価格競争により、売上が上がっても利益が出ない状況である。

そして、インターネットでの取引が伸びていることに加え、動画など、商品状況を分かりやすく伝達する手段が安価でできるようになったことを考えると、必ずしも人がいるところでないとビジネスが展開できないといったことでもなくなっている。そして、お客様が情報を持ち、比較も簡単にできるようになると、同じような商品を提供していたのでは、価格競争は避けられない。

むしろ、めのや、石見銀山生活文化研究所、Mランドのように、お客様にとって、他のところが提供することができない魅力的な商品、サービスや信頼、（本書でもテーマとしている）共感などの目に見えにくい価値が重要になってきている。

このことは、シャッターが閉じたままの店舗が問題になっている商店街にもいえることである。坂本光司教授は、「商店街の問題は外ではなく、内にある。魅力的な商店街とは、単にイベントやハードに力を入れるだけでは難しく、商店街を構成するそれぞれの個店が時代変化に目覚め、生活者にとってなくてはならない魅力的な店づくりをすることが再生の決め手」と日頃いわれているが、地域活性化にも通じる話である。

しっかりとしたビジョンを持ち、街全体を活性化に力を入れることは、もちろん重要だ。加えて、めのやのような、お客様に魅力的な価値を提供する企業が増えることが、結果的に、地域活性化につながるのではないか。

21世紀をつくる「価値ある企業」事例 9

「生活の木」

ハーブ、アロマテラピーを通じて自然・健康・楽しさを提供する企業

生活の木が創造している「社会共通の価値」

生活のなかに上質な時間と空間を生む

「今は貧しくても、今日よりも明日、明日よりも明後日はもっと良くなるという実感があれば、人は未来に対して夢や希望を持つことができる」

高度成長期の日本を舞台に、家族の絆やお互いが助け合ってたくましく生きる姿を描く映画「Ａｌｗａｙｓ 三丁目の夕日」を観て、多くの人はそう感じたはずです。

しかし、今の日本は、多くの人が夢や希望を抱くことができずに閉塞感が漂っています。急激な経済環境の変化、社会保障などの老後の生活への不安、リストラなどによる雇用不安……。日本が金銭的、物質的な豊かさを求めて猛進してきた戦後80年間の中で、置き忘れてきたことがここにきて噴出しているのです。

そのひとつが心の問題です。厚生労働省の調査によると、日本の障がい患者数は１９９

6年には43万人、1999年には44万人とほぼ横ばいでしたが、2002年には71万人、2005年には92万人、2008年には104万人と、21世紀に入って大幅に増加する傾向にあるのです。

病気とまではいえなくても、自分の人生とは何か、何のために働いているのかと悩みながら、でも働き方や生き方を変えることができずにいる人も少なくないでしょう。私たちは今、人としての生き方やあり方、人と人とのかかわり方を、立ち止まって見つめ直す時期にきているのではないでしょうか。

「情報の無秩序な氾濫、お互いを比較して優劣を競うことから生じる不平や不満、必要以上に便利さや効率性を求める社会は、人が本来持っている内面の輝きをくもらせ、ストレスになっている。一人ひとりが心も身体も健康であれば、人と人とが良好なかかわり合いを持ち、楽しいコミュニケーションができ、楽しく生きることができる」

生活の木の代表取締役、重永忠氏（以下重永さん）は言います。

生活の木は、ハーブやアロマテラピー（アロマテラピーとは、草花など植物に由来する芳香成分を用いて、心身の健康や美容を増進する方法などをいう）にかかわる商品の開発・製造・販売、ハーブガーデンやハーブレストランの開発・運営、ハーブ・アロマテラピーのスクールややサロン、リゾートホテルなどを展開している会社です。世界中の植物が持つ自然の恵みを集めて、「自然・健康・楽しさを提供」し、人間らしい上質な時間や生活空間（Quality Of Life）を創造しています。生活の木の使命は「一生を楽しく、自然に、健康に生きるためのお手伝いをすること」なのです。

今でこそＬＯＨＡＳ（Lifestyles Of Health And Sustainability）やスローライフという言葉をよく耳にするようになりました。しかし、生活の木は30年以上も前から自然の植物の力を活かして、生活のなかにやすらぎの時間と空間を織りなす質の追求、文化の創造に取り組んでいます。自然素材だけを使ってつくるハーブやエッセンシャルオイルが心を穏やかにし、ストレスを解消してくれるのです。

日本では、まだ認知度が低かったアロマテラピーを生活の文化として定着させるために、生活の木はさまざまな取り組みに挑戦してきました。たとえば、公益社団法人日本アロマ環境協会を設立してアロマテラピーの認定資格者を養成し、正しい知識を持ったアロマテラピーのスペシャリストの育成に力を注ぎました。カルチャースクールの開講も文化の伝達力を高めています。アロマテラピーの知識を学んでもらい、伝道者を増やしていくことで、商品を売るのではなく生活の質をより良くすることを伝えていったのです。そして、今では、全国に18校の教室があり、授業数は１２００にも上る盛況ぶりです。

心の問題だけではなく、日本は、医療、介護にかかわる財政上、社会保障上の大きな課題に直面しています。今の制度の下では、財政上立ちゆかなくなることは明らかでしょう。全体に与える効果は小さいかもしれませんが、アロマテラピーやメディカルハーブは、家庭でもできる家庭医療、予防医療として貢献できるかもしれません。これだけ多岐にわたる医療が発展する前は、たとえば薬草を煎じて家庭で飲んでいた頃もあったのですから。

ストレスは、職場や家庭にさまざまな影響を及ぼします。精神的に疲れ果てた父親や母親をみて、子どもは未来に夢や希望を抱くことはできません。生活の木が生みだしている社会価値とは、こころの利益の創造、一人ひとりが健康に、生き生きと楽しく生活する社会共通の価値の創造にほかならないのです。

生活の木が大切にしている「目に見えない企業資源」

会社は社員のためのもの。社員を思いやるこころの経営

経営理念である「自然、健康、楽しさの提供」を実現するために、生活の木はCS（顧客満足度）よりもES（従業員満足度）を大切にしています。「社員が幸せになるために、社員が大活躍をして仕事で人生を楽しむために会社がある」という考え方です。そして生活の木は、ある調査会社が2010年に実施した社員満足度調査で、東日本地域1100社中、なんとNO1に輝きました。社員満足度がもっとも高い会社として評価されたのです。

実は2006年のES調査では、それほど高い評価は得られなかったそうです。社員が何を求めているのかを知りたかったという重永さんが注目したのは、「研修を受けたい、社内で勉強したい」「トップに会って話をしたい」という2つの声でした。「この2つの社

員の想いを実現すれば、不満は満足に変わる」と思ったそうです。

そこで重永さんは全国の店舗に出向き、自ら研修を行い、研修後はその地域でいちばん美味しいと評判の店で懇親会を開き、社員と交流する活動を始めました。また、全社員の誕生日に社員宅に直筆の手紙を贈るようにしました。各社員の履歴書を見ながら、その人との物語を思い出しながら書くのです。そして、この手紙に対して多くの社員から、お礼のメールが届きます。さらにこのメールに対して返信するというやりとりなどから、「1対650」だった関係は、「1対1」×650という関係に発展していったのです。

また、組織は人数が多くなると顔が見えなくなります。そのため、社内報には顔写真を入れ、「○○さんに子どもが生まれた」「○○さんはどんな家族か」というような記事を掲載しています。表紙にはトップの方針や伝えたいことを記事にし、2ページ以降には社員の記事を載せることで、トップの顔も見え、社員同士の顔も見える、いわばみんなが家族のような会社を築いているのです。

これを続けた結果、5年後のES調査でナンバー1に輝きました。「自然、健康、楽しさの提供」という経営理念を土台にした人財育成力と信頼形成力こそが生活の木の企業資源といえるでしょう。

顧客に物語を伝える社員を育成する

「このローズ・ウッドは、アマゾンの奥地まで行ってやっと見つけてきました」
「お客様はこの商品を使ったらすっかり肌がすべすべになったと言ってくださいます」
生活の木の店頭では、よくこんな会話を耳にします。商品開発にまつわる苦労話、実際に使った人の体験談は、お客様の記憶に留める大切な物語。時には、働く社員の喜びや職場の雰囲気を伝えることも大切でしょう。

生活の木は、エッセンシャルオイルやスキンケアグッズ以上に、お客様と社員が心を通わせる良質なコミュニケーション、お客様に対応する社員の人柄こそが品物を上回る究極の商品です。なぜなら、「自然・健康・楽しさ」を伝える人が、自然を愛し、健康で、楽しく生き生きとしていることこそが、その商品の価値を証明していることにほかならないからです。つまり店頭にならぶ数々の商品は、社員自らの「自然・健康・美しさ」を表現するための脇役に過ぎないのです。

実際、生活の木の商品は品数が多く、効能も人によって違うため、セルフ販売ではお客様が品定めに迷うことも少なくありません。お客様が迷っていたら、さりげなく声をかけて手を差し伸べる、しなやかな対話力が必要になります。「品のいいおせっかい」をすることがお客様との関係を築く大切な要素というわけです。

「販売スタッフが正しい商品知識を持ち、商品にまつわる物語を語り、社員が体感・実感している仕事の喜びや生活の木の雰囲気を伝える」。これが生活の木の接客であり、この方法がお客様からの共感を得、そして顧客満足を高めているのです。

それだけに、人財育成は生活の木にとって生命線。重永さんは自分の時間のもっとも多くを社員研修に費やしています。研修は、入社時、3か月後、1年後、3年後の定期研修と、管理職への昇進など職位変更時の研修を受講する制度になっています。2011年9月にはトップ直轄の専門部署として人財開発本部も創設しました。

徹底した現場主義も生活の木の特徴です。生活の木の商品アイテム数はおおよそ2500。「これだけ多くの商品開発は誰が行うのですか?」と質問すると、「全員が開発責任者です!」と返ってきました。もちろんアイデアを商品化したり、材料の産地を開拓するための人員は配置しています。しかし、最大の開発部門は店舗だといいます。今ハーブ・アロマテラピー製品が売上の90%以上を占めますが、これらはすべて店舗から上がってきた顧客と社員の生の声から生まれてきたのです。

事業規模が拡大して組織が大きくなると、どうしても仕組みや制度、マニュアルがないと動かない、指示待ち社員が増えてきます。

「出る杭が喜ばれる会社にする！」。社員満足度ナンバー1の会社にしながらも、「もっと社員が楽しみながら主体性を発揮できる会社にする」という生活の木の挑戦は、まだまだ続きそうです。

経営への参画意識、権限移譲が信頼を形成する

社員のモチベーションを高めるために、生活の木は、事業計画を社員自らに作成させ、それを実行するための権限を委譲することを行っています。分かりやすくいうと、自分で計画したことを自分でやらせるのです。経営者が事業計画や数値目標を用意し、それに社員が従うという多くの会社のスタイルとはまるで異なります。

生活の木は、2種類のアプローチで年度事業計画を作成しています。ひとつは、100を超える店舗、全130の部門が、ボトムアップで独自に事業計画を作成します。もうひとつは、経営者がつくるトップダウンの事業計画です。そして、最終的には両者をブレンドさせて完成させるのです。

現場に自ら事業計画をつくるよう指示した当初は、トップダウンの数字とボトムアップ

の数値に大きなかい離があったそうです。現場の発想がどうしても狭い範囲にとどまり全体を俯瞰する力に欠けていたのです。

しかし、最近は、両者に大きなかい離はなくなってきました。経営の意識が現場に徐々に浸透し、現場が経営者の視点で物事を考えるようになってきたのでしょう。そうなるとノルマなどを課す必要はありません。社員が自ら作った数値に自らが主体的な意識をもって取り組んでいくからです。

その主体的な取り組みを動機づけているひとつの仕組みが「三分法」の考え方による利益分配です。社員が自ら目標設定をして結果を出したら、税引後利益の3分の1を賞与として社員に還元するというものです。自ら設定した課題に対して、頑張って成果を出したら出した分だけ賞与で報われるという、シンプルで分かりやすいインセンティブ制度なのです。

生活の木の直近の業績は売上高68億円、経常利益約6億円、ここ数年の業績は安定しています。上場する意思がなく、利益は社員の幸せと将来の事業運営のために配分されます。たとえば、6億円の経常利益とすると、大まかにいって税引後利益は3億円。そのうち1億円は3回目の業績賞与として支給し、もう1億円は財務基盤を安定化させる内部留保、残りの1億円を、将来のための先行投資に割り当てるのです。

「末端の社員を含めて経営への参画意識を持たせ、実際に権限を委譲する文化を創り、成果に対して透明性の高い報酬を提供する」。社員と経営者、同じ組織の人同士がお互いに信頼関係を醸成する風土は、こうした仕組みによって創られています。

生活の木が育む「共感資本」と価値のらせん的発展

顧客が共感する想いの連鎖

アロマテラピーには、知れば知るほど人を虜にする楽しさや奥深さがあります。自然植物から人が五感で感じる安らぎは、人が本来持つ感性を呼び覚ます力があるからかもしれません。

生活の木のある店長は、もともとOLでしたが、アロマテラピーの魅力、生活の木の仕事や雰囲気にひかれて社員になりました。こうした事例は少なくありません。アロマテラピーの講習を受けて資格をとり、準社員として働き、そして正社員になる人は多いのです。

生活の木は、「品のいいおせっかい」でお客様の心を捉え、アロマテラピー教室の講師等を通じて、資格を持つお客様が生活の木と協働する機会を提供しています。そして、お客様が指導する立場で情報を発信する仕組みがつくられているのです。

お客様と社員との共通の言語は、健康にいい、楽しいという想い。この想いが、共感資本に代わって顧客が顧客を生む発展を描いていくのです。

表参道という街づくり

生活の木は、写真から陶器、そしてハーブやアロマテラピーと、取り扱う商品を変えながら今事業は第三創業になります。本店は、創業の当時から変わりません。それだけに重永さんは自分の生まれた故郷、原宿表参道を誰よりも愛している人でしょう。

「自分が幼少期を過ごし、近所のおじいちゃんやおばあちゃんが可愛がってくれた。そして、今も変わらずここで商売をやらせてもらっている。だから、今度は自分が恩返しをする番。この街を世界一心地よい街にしたい」という強い想いがあるのです。

その想いは商店街を活性化させるさまざまな活動を通じて実践されています。現在は商店街振興組合原宿表参道欅会の専務理事として活躍し、有名になったイルミネーションの実行委員長も経験しました。

また、2000年代になって掲げたのが「エコ・アベニュー」構想。「環境に対して考える街づくりをする」というスローガンです。ゴミやエネルギーの問題だけではなく「表参道に来る人のマインドに何かアクティブなことが伝わる」という環境づくり。表参道を最高の環境にするための商店街活動を進めています。

重永さんは「自分の会社のことだけに一生懸命になり、自分のことだけを考えているのはカッコ悪い」といいます。地域社会のために何か役立つことをして、地域社会が幸せになる。地域社会が良くなれば会社にプラスになるし、会社が良くなれば地域社会にプラスになる。自社の利益のみを求めず地域社会のためにと思う純粋な想いが、結果として自社の利益につながってくるのです。

コラム　LOHAS（ロハス）な人々

ＬＯＨＡＳ（ロハス）という言葉が注目されるようになったのは、２０００年にアメリカで発売された書籍『The Cultural Creatives〜How 50 Million People Are Changing The World』で、著者である社会学者ポール・レイ氏と、心理学者のシェリー・アンダーソン氏が、全米の成人15万人を対象に15年にわたって実施した価値観調査の結果として、ロハスの存在を報告したのが始まりといわれている。レイ氏らは調査により、ロハス志向を持った生活創造者〈Cultural Creatives〉の存在を報告している。生活創造者は、大量生産、大量消費を良しとする現代主義者〈Modern〉への反発から誕生し、徐々にその数を増やしていった。（調査結果は、米国25％、日本29％）

ロハス志向を持った生活創造者とは、どんな人たちなのか。

「持続可能な地球環境や経済システムの実現を願い、そのために行動する」「金銭的、物理的な豊かさを志向せず、社会的成功を最優先しない」「人間関係を大切にし、自己実現に力を入れる」「健康的な食生活や代替医療による予防医学に関心がある」としている。日本では大和田順子さんが、２００２年にロハスの考え方を日本に初めて紹介し、その考え方を広めた。

確かに、現代日本が抱えているさまざまな問題を生んだ主な原因は、ホリエモン（堀江貴文氏）に代表される「お金持ちが偉い」といった価値観があり、経済至上主義への傾斜があったことは実感するところである。そして、立ち止まって考えることもできないような変化のスピードにより、ゆっくり散歩して、季節に花を愛で、四季を楽しむといった心の余裕をなくしてしまっている。

本来、企業活動は、従業員をはじめとした関係者の経済的な面だけでなく心も豊かにすることが望ましいのはいうまでもない。毎年3万人を超える自殺者が出る一因が企業活動にあるとしたら、それは本末転倒といわざるを得ない。

ではどうしたらいいか。ロハスというかどうかは別として、ポイントは次の3点ではないだろうか。

①自分のことだけでなく、家族・友人・地域の人・海外の人というように、いかに自分が会ったこともない人のことまで考えることができるか？

②自社だけでなく、業界全体、世界といったように、どのくらい大きな視点で考えることができるか？

③今日だけでなく自分が生きていないであろう次の世代、もしくはもっと先のことまで考えて行動ができるか？

重永さんは「自分の会社のことだけに一生懸命になり、自分のことだけを考えているのはカッコ悪い」といった表現をしたが、ミーイズムといわれる、自分の幸福や満足を求めるだけで他には関心を払わない自己中心主義は、まさにカッコ悪いといった価値観に変わってきているのである。

21世紀をつくる「価値ある企業」事例 10

経営理念の力で〝憧れて入社したくなる清掃会社〟に生まれ変わったビルメンテナンス企業

「四国管財」

四国管財が創造している「社会共通の価値」

ビルメンテナンス業を取り巻く環境

日本のビルメンテナンス業が誕生したのは、戦後まもなくです。そして、焼け野原から家やビルが徐々に建っていく過程、つまり戦後復興経済や驚異的な発展経済に支えられ、ビルメンテナンス業界は成長してきました。

しかし業界そのものは成長したものの、モノを売ってお客様から評価を受けるといった業界ではありません。受託企業の経営体質や業務品質は旧態依然という企業が多いのが実態です。

一方で、近年建設される建物施設や屋外施設は多様化と高度化が進み、さらに業務の環境問題にまで言及されるなど、管理業務に対するニーズは大きく変化しています。

業界に対するニーズや業務内容に加え、委託方法も変わりました。最近では一社一括発注される傾向が増えたことで、さまざまなニーズに対応するための業務技術も備えなくてはなりません。しかし、業界の実態は価格競争に終始し、お客様のニーズに応えるべく努力をしている企業は、ごくわずかなのです。

そして、価格競争の激化はサービス品質の低下を招き、経営内容も悪化させ経営を維持することが難しい状態に陥っている企業が多くなっています。

そうしたなか、ビルメンテナンス業にて清掃部門四国ナンバー1（自社調べ）の売上を達成中。価格競争を招く新規顧客開拓を敬遠し、既存のお客様に対する徹底的なCS活動を事業の中核として推進し、顧客との絆を強くする経営を実践しているのが四国管財です。

四国管財株式会社は、無味乾燥になりがちな清掃の業務について、ただ単にモノや場所をきれいにするだけでなく、大切な心をきれいにするという思いを込めてサービスを展開しています。これは後述する人間力教育のたまものでもありますが、社員はそうした仕事に対する意味づけを理解し、誇りをもって仕事をしています。

また、ただのメンテナンスにとどまらず、たとえば、病院サポート業務も同社が力を入れている事業です。メディカルクラークといわれるサービスに取り組んでいますが、クラークとは日本語で「番頭さん」を意味します。看護師さんに代わって、病棟内での事務処理を専門に行う仕事です。カルテや書類の記入など、事務的な面をサポート。看護師さんが医療行為に専念できるメリットがあります。その他、環境衛生管理業務などの関連事業への多角化も進展させているのです。

経営理念、ビジョンに「理想」がはっきり投影されている

同社のサイトでは、代表取締役社長中澤清一さん（以下中澤さん）をはじめ社員の皆さんの想いがあふれています。どのような会社にしていこうとしているのか、同社のホームページから以下、引用します。

昔、同窓会等で……「中澤君！ もし、今勤めている会社が倒産したら……クビになったら……退職したら……歳をとり働けなくなったら……是非とも雇ってね。掃除位なら何時でも誰でも簡単に出来るから」と言われる会社でした。しかし、実際に働いている我々はとんでもない！ と心で叫んでいました。私は、お客様に心より尊敬され当社の社員とご家族の皆さんが自慢できる会社にしていきたいと思います。キレイ事を言っても行動に整合性が無いと自分の価値は生まれません。存在価値の

有る人を育て、こんな会社にしたいです。

当社は、十数年前までは働いている社員さんが胸を張って社名を第三者に言いにくい会社でした。しかし、最近ではお客様や周りの方に「笑顔が素敵でイキイキお仕事をされている方が多いですね。」とよく言われます。その理由は、経営理念の通り自分の夢＝一番大切な事（自分が余命何日と宣告されたときに何が何でもしておきたいことです）が明確になり毎日を意識しながら過ごされている方が増えたからです。将来当社は次のような事が実現できる会社にしていく為に正しい経営をしてまいります。

夢が実現できる会社
お客様に尊敬される会社
地元に居て胸を張れる会社
異業種から尊敬される会社
同業者に気遣わなくてよい会社
他社が真似できない技術を持った会社

お客様を選べる会社
優しさの中に厳しさがある会社
入社するのが難しい会社
老後を安心できる会社
社長や上司と気楽に話せる会社
他人を元気に出来る会社
家族が安心できる会社
家族や知人に勧めてもらいたい会社
やる気のある障害をもった方が違和感無く働ける会社
社員さんが持ち家を持てる会社
定年後（六五歳）でも働ける会社
退職後も関われる会社
死ぬ時この会社に勤めて良かったと思われる会社

ここまでビジョンがはっきりと描けている会社も珍しいのではないでしょうか。
同社にとっての理想がはっきりとイメージされています。理想という言葉は、「理想論」「理想はいいから現実を直視せよ」「○○は理想主義者」といったように、あきらめるための言葉として用いられがちです。しかし、この言葉をいちばん最初につくった人は、あきらめるための言葉ではなく、かなえるための言葉として考えたに違いありません。けれど、いつからか、「理想」とは近づけない状態の意味となってしまいました。そうした社会情勢のなかで、ここ四国管財では理想はかなえるための言葉としてしっかりと経営理念、ビジョンに投影されているのだということが感じ取れるのは、私だけではないでしょう。

通常であれば、生活のために仕方がなく行うといったことになりやすい単純作業が多いビルメンテナンス業界の仕事のなかで、四国管財は、夢、尊敬、誇りといった心の価値を生みだしているのです。

四国管財が大切にしている「目に見えない企業資源」

経営理念、ビジョンを共有するための15の行動指針

経営理念、ビジョンを達成していくために、同社では「ベーシック」という価値観共有化のための行動指針を平成12年に策定しています。ご紹介しましょう。

①夢を具体的に持つ、②常に笑顔、③挨拶の実践、④報告・連絡・相談、⑤環境を意識、⑥丁寧な仕事、⑦整理整頓、⑧自己責任、⑨前向きな取組み、⑩気遣い、⑪接する人に均等に、⑫一流の自分、⑬自分のために仕事する、⑭約束は守る、⑮感謝の気持ち

一つひとつの指針は、極めてシンプルで当たり前のことです。しかし、その当たり前ができないために多くの会社が悩み苦しんでいます。当たり前の経営をすれば潰れることは

ないのです。謙虚に、愚直に、当たり前のことをし続けていくことで持続可能な経営が実現されていくということを、改めて学ばされます。

同社はこれらの指針などを社員と共有することで、理念経営が組織に浸透しています。このため、経営理念に合致した人財を採用することに余念がありません。実際、四国管財の経営理念に共鳴して応募してくる求職者も少なくないのです。採用時には3日間の特別なプログラムを実施し、四国管財は何を大切にしているか、どのような経営を目指しているかを改めて訴えかけ、求職者と価値観を共有化したうえで本採用に至るようになり、近年、四国管財の価値観に近い方が集まるようになりました。

信頼形成増進のための手間暇かけた取り組み

「夢は諦めない限り必ず実現する」を社是にする四国管財にとって「人財育成力」は大きな企業資源です。しかし、ここでは、既存顧客の満足度を徹底的に向上さる信頼形成力に注目しましょう。既存顧客の満足度をいかに向上させるかは、会社側からPRする新規顧客開拓はしないという同社の生命線といえます。実際、同社の最大の特色は、ここでのさまざまな取り組みにあるといえます。いくつかご紹介していきます。

①クレームは天の声……過去5年のデータでは、お客様の所で事故が発生してから、同社への連絡が5分以内、その後の対応は3分以内という結果がでているそうです。クレームはラッキーコールという合言葉が社内に浸透しているほどに、客先でのクレームに対して経営の全神経を注ぐ対応をしています。皆さまからいただいたクレームは、問題を発見できる大きなチャンス、そして改善の機会を与えてくれる宝物だと考えているのです。どんな小さなクレームにも全力で対応し、お客さまの不満や要望にしっかりと耳を傾け、スピーディに解決することを愚直に実行しています。

②徹底した報連相を実現させたシステム……迅速なクレーム対応が、その現場体験をした社員のモチベーションを高めていますが、このスピードに関しては、自社開発の独自システムをクレーム等の報連相に活用することで実現されました。そして、すべての事例はその後のＴＳ研修や社内報「つもろう」などで情報共有されています。

③ビル・オーナー様と弊社営業マン及び現場の担当によるミーティング……サービスに対するお客様の満足度と品質を定期的にチェックする機会を設定しています。現場の作業者には言いにくい、お客様のご不満を定期的に聞き取り、清掃の品質を客観的に徹底チェックしています。そして、どんな小さなことも見逃さず、現場の問題点を改善しています。

業界として全国的にも稀な、お客様とのワン・トゥ・ワンの対話を大切にしたシステムをつくりあげています。

④クリーンアドバイザーによる定期巡視……お客様の満足度と品質のチェックを定期的に行うため、クリーンアドバイザーと呼ばれる巡視員が定期的にクライアントを訪れています。現場の作業者には言いにくい、お客様のご不満を聞き取ることと、清掃の品質を徹底的にチェックすることが目的です。本社と現場の垣根をなくし、お客様視点から問題点の改善の実現を図っています。

⑤イエローカード……お客様の本音が知りたいという一心で始めたのが、「イエローカード」と呼ばれているハガキです。お客様の生の声が聞けるようにと、クライアントに渡しています。社長のもとに直接、お客様からのお叱りの声が届くシステムとなっています。お客様の声をもれなくお聞きし、日々の業務に反映させていくのがねらいですが、お叱りだけでなく、実際には「感謝のメモ」となって届いています。お客様からの「ありがとう」という感謝の場面に遭遇させることでスタッフに感動と奮起を与えてくれるエネルギーの素にもなっているのです。

四国管財が育む「共感資本」と価値のらせん的発展

高知市内の小中高校や公共施設などへ無料の講師派遣

「夢の実現できる話」「心を磨く清掃方法」「笑顔と挨拶の実践方法」「報・連・相の実践方法」「社会が望む学生像」「就職に向けて心がけること」など、当社の実践している話をテーマにした地場で講演活動を無償で提供しています。

たんぽぽ教育研究所の設置、運営

地域の子どもたちが健全に育つように、いじめ、不登校、心身のハンディキャップ、学力、進路など、教育に関するすべての悩みを聴いてサポートする機関を自社に誘致し、元高知県の教育長が代表になって運営しています。

障がい者雇用、高齢者雇用、子育て支援への積極的な取り組み

近年、障がい者雇用にも力を注ぎ、2011年には前年より3名増加、現在7名の方が雇用されています。内訳は、身体障がい者4名（うち聴覚障がい者2名）、精神障がい者2名、知的障がい者1名です。最近、雇用した3人の状況は次のとおりです。

一人は長年同社に勤続している社員の娘さんがろう学校を卒業することになり、新卒として採用を実現しました。もう一人は、中澤さんの知人でダウン症の障がいの子を持つお母さんに紹介されたことが縁で、同社で就労の場を提供することになりました。最後の一人は同社の元現場リーダーとして活躍していた社員で、乳がんそして脳梗塞を患い退職を余儀なくされましたが、その後、障がいが残ったものの体調が回復したということで復職を受け入れ、障がい者就労という形をとっているとのこと。

温情雇用をしてしまうと双方が幸せになれないために、身の丈の範囲で、少しずつ進めていく方針です。今、障がい者を紹介してくれた知人のダウン症の子が間もなく高校を卒業するので、その子ができる仕事を模索しているとのことです。

また、高齢者雇用については、70人を雇用し、定年は65歳にしているものの、定年に達

しても本人が就労を希望すれば原則として雇用を継続しています。職業の性質から女性のスタッフ比率は高く、おおむね60％は女性という構成になっています。

そのため、かなり早い段階から育児と仕事の両立のための支援も取り組み昭和63年には、業界全国初の自社託児所『わんぱくハウス』を開園しています。そうした積極的な取り組みが評価され、先頃、高知労働基準局均等推進企業局長賞優良賞を受賞しました。

こうして四国管財の経営を垣間見てきますと、理念経営が相当に浸透し、社会価値の高い企業の形になっていることは間違いありません。しかし、ビルメンテナンス業という景気動向に大きく左右される業種において、わが国経済全体の落ち込みのなかでも理想の会社づくりの信念を維持させ続けていくことができるかということが今後の課題といえるのではないでしょうか。

コラム　セルフイメージが現実をつくる

「セルフイメージ」という言葉がある。アメリカの心理学の大家カール・ロジャースは、セルフイメージとは「自分が考える自分」という意味であり、「自分をどのように見ているか」であり、生まれつきの考えではなく、自分が体験したことやその捉え方によって作られる、と述べている。ロジャースは、セルフイメージが形成される素になるものとして、子どもの頃の体験と人からの評価の2点を挙げている。

東京ディズニーランド（以下、TDL）の清掃部門のトレーナーを経験し、ディズニー・ユニバーシティ（教育部門）にて、全スタッフを指導、育成した経験のある鎌田洋さんから伺った話をご紹介しよう。

手から血が出る、化粧がとれるといったことで、TDLの掃除部門は人気がなかったという。ある親から「ほうきとちりとりを持って掃除させるために学校へ行かせたのではない」とクレームが入った。しかしある日、その両親が娘さんを実際に見に来ることがあり、そこで娘さんが背筋を伸ばして一生懸命やっている姿を見てからは、一切クレームを言わなかったそうだ。鎌田さん曰く、「清掃をするということは、人の気持ちも浄化する美の管理人である」。

つまり、単なる掃除係と考えるのも、美の管理人と考えるのも、すべてセルフイメージ。どのように自分自身を、あるいは自分の仕事を捉えるかは、当然行動に影響する。そのため、「長」といわれる人は、常日頃から仕事の意義を伝え、社員のセルフイメージを高めることが重要なのである。

タクシー業界も、セルフイメージが低くなりやすい業界だ。なかには、「自分は、昔、○○企業の管理職で……今は世を忍ぶ仮の姿で運転手をやっている」というように、運転手という職業を自ら低く見ている方もいる。

運転手を仮の姿と考え、誰でもできる価値が低い仕事だと考えていると、お客様に満足を提供するサービスはできない。実際、行き先を告げても返事が返って来なかったり、大きな荷物を抱え困っていても、自動でトランクを開けるだけで、車から出てこないといった経験をした人も多いのではないか。

業界に一石を投じた京都のMKタクシーは、モリハナエの制服を支給し、語学の勉強その他、セルフイメージが高まる取り組みをしている。結果として、セルフイメージが高いドライバーは、良質のサービスを提供しているのである。

四国管財の中澤さんが従業員に行ってきたことは、まさに、社員のセルフイメージを高める取組みなのだ。

21世紀をつくる「価値ある企業」事例 11

障がい者支援と商品開発・生産・販売を結びつけ、〝ともにしあわせになるしあわせ〟を共創する通販会社

「フェリシモ」

フェリシモが創造している「社会共通の価値」

事業性、独創性、社会性からしあわせ社会を築く

「しあわせ社会学の確立と実践」

インタビューをしながら、この聞きなれない経営理念を完全に理解するまでにしばらくの時間を要しました。上場企業でありながら、いわゆる会計上の純資産価値や株式価値ではなく、ここまで明確に社会的価値の創造を目的として標榜する企業に出会ったことがなかったからです。

日本は失われた20年、長引く不況といわれていますが、それは正しい状況認識ではありません。少子高齢化やストレスの問題、環境、食と農、教育など、さまざまな課題に直面する構造変化の真っただ中にいるのです。そして、社会の中で未だ顕在化しないニーズを掘り起こし、新たな社会の流れを生みだすのが企業の役割だとすれば、社会的課題を解決

し、人や社会のしあわせを事業目的にする企業が出てきても決して不思議ではないと、話を聞いて得心したのです。

この経営理念を掲げ実践しているのは、兵庫県神戸市に本社を置くフェリシモです。自社開発の衣料品や雑貨などをカタログやウェブサイトを通じて全国約140万世帯に販売する通販事業を行う会社です。一見、他の通販会社と同じように見えるかもしれません。しかし、商品サービスやビジョンなどに大きな違いがあります。

たとえば商品サービスは、プランナーと呼ばれる社員がお客様の嗜好に合った品物をアレンジし、月1回のプレゼントのように届けるフェリシモ・コレクションが中心です。顧客が指定した商品をそのつど送り届ける、一般的な通販とは異なるのです。

また、ビジョンや事業のあり方、考え方にも大きな違いがみられます。経営理念に掲げた「しあわせ社会学の確立と実践」とは、事業活動を通じてしあわせ社会の創造に貢献すること。そして、志を共有するお客様、ビジネスパートナー、社員、株主らとともに「ともにしあわせになるしあわせ」の実現を目指しています。つまり、通販事業の成功が目的ではなく、通販事業を通じたしあわせ社会の実現が目的なのです。

一般的には、社員や取引先をリストラして収益を高めることで株主価値を上げようとする企業も少なくありません。しかし、何かの犠牲の上に成り立つ利益が、永続し続けることがあるのでしょうか？　阪神淡路大震災の救援活動を手伝うなかで、社長の矢崎さんはこのことを痛感したといいます。

全国から大勢のボランティアがやってきて献身的な活動をしていましたが、経済的な事情から、長く続けることができた人は結局多くなかったのです。企業も同じで、どんなに社会に良いことを行おうとしても、想いだけでは続きません。また逆に社会に利益を還元せずに自己の利益だけを追い求めても決して続くことはないでしょう。社会に長く役立つ存在として価値をもたらすためには、事業性と社会性の両立が必要不可欠なのです。そのためフェリシモは、目指す事業領域を、事業性、独創性、社会性の3つが交わるものに定めました。そして、その事業から生みだされるしあわせをお客様やビジネスパートナーとともにつくり、フェリシモにかかわる多くの人と価値観を共有することで、社会への伝播力を高めていったのです。

たとえば商品を例にとると、ファッショナブルで、なおかつ環境に配慮した雑貨ばかりを集めたカタログ「ecolor（エコラ）」はフェリシモの人気商品集です。また、通販に欠かせないカタログは、調達元が明確な植林パルプを中心に、間伐材など環境保全に配慮した原材料からできたものを利用し、さらに不用になったカタログを商品配送時に回収するといった念の入れようです。物流においても配慮を欠かしません。フェリシモでは、長距離輸送を2003年から環境負荷の少ない鉄道にシフトしました。

また、たくさんの人と共に取り組めることとして、全ての人々の自立を支援する活動や、被災地支援、子どもの未来を応援するための基金を設立し、毎月100円の基金や基金付き商品などを提案しているのです。

フェリシモのお客様は、同じような物を買うのなら、こうした社会的取り組みに自分も参加したいという共感の想いを持って集まっているのです。

このように、フェリシモが社会にもたらしている共通価値とは、単に環境によい良い商品や環境に配慮したサービスを提供するに留まりません。お客様一人ひとり、ビジネスパートナー一社一社を巻き込んで、しあわせ共創の担い手として思わず応援、参画したくなるような場を創造しているのです。

お客様が自らの意思で動き、人をしあわせにすることによって、社会をしあわせにすることによってしあわせを感じることで社会がより善く変わる、そこにフェリシモの社会共通の価値が存在するのです。

フェリシモが大切にしている「目に見えない企業資源」

独自の経営理念とその浸透を促す人財教育

フェリシモは、経営理念である「しあわせ社会学の確立と実践」によって、しあわせ社会の創造に貢献することを目的にしています。そして、そのために、①お客さま、②ビジネスパートナー、③従業員、④株主、それぞれの価値の最大化を目指し、「しあわせ社会価値」を高めることを目指しています。

一般に企業価値といった場合、会計上の純資産価値や株式価値で測られる場合が多いでしょう。しかし、フェリシモは、「しあわせ」という目に見えない価値を企業価値の中心に捉えています。しあわせという社会共通の価値観のなかには、人の共感を呼びこむ強いメッセージが込められているのです。

しかし、目に見えない価値を求めているだけに、社員はその趣旨をよく理解しておく必要があります。約350名の社員は、ブランドやカタログごと、またハーブロジェクトに応じてチームが編成され700~800ある外部のビジネスパートナー（メーカー、デザイナー、コピーライターなど）と連携をとりながら随時商品の開発を進めています。それだけに経営理念やビジョンを十分に理解し、自らの腑に落としておく必要があるのです。

経営理念については、社長の矢崎さん自らが多くのメッセージを発しています。たとえば毎週月曜に行われる社員朝礼、月半ばの月例会、また毎日ウェブサイトで社長が感じた事柄を発信します。分厚いカタログも必ず矢崎さんが目を通し、コンセプトや考え方に矛盾がないか厳しく指摘します。社長室は打ち合わせなどがないかぎり、常にオープン。空いていれば誰でも飛び込んで話をしてOKというサインなのです。

上場会社にしては珍しくフェリシモにはCSR（企業の社会的責任）を所管する部署がないのも特筆すべきです。「CSRはどこが所管するのですか?」と質問したことがありますが、するとその答えは、「当社はCSRの部署は置きません。何故なら事業目的そのものがCSRだからです。すべての事業の領域のなかにCSRは存在していて、お客様とともに責任を果たしていくのです。当社の社員一人ひとりがCSR担当者です!」というものでした。

そのとき私は感心し、企業は本来そうあるべきだと深くうなずきました。どんなに表面上は立派な態勢を構築したとしても、上意下達に盲従し上席からの指示命令がないと行動できない社員が多い会社は、決して責任ある企業にはなれないでしょう。フェリシモの場合、経営理念そのものがCSRといっても過言ではありません。社員の一人ひとりがその経営理念を理解し、リーダーとしての自覚を有しているのです。

経営理念を実行するうえで必要不可欠な人財育成、社内コミュニケーションにも力を注いでいます。たとえば「社内MBA留学」制度です。これは、矢崎さんご自身が実際に社長業をこなしながら週末に通っていた神戸大学大学院から講師を招集して、フェリシモ社内で経営理論やさまざまなケーススタディを学ぶ「経営戦略研究会」です。ここでは、自社開発商品にこだわるフェリシモがデザインや感性を磨くのはもちろんのこと、会社の将来を担う経営幹部候補を育成するために成長の機会を提供しています。今まで全体の3分の1にあたる108名もの正社員が受講しているそうです。

共感を呼びこむ経営理念力とそれを実践する人財育成力のバランスが、フェリシモの企業資源のひとつになっています。

顧客との信頼形成によってしあわせをデザインする

お客様が日常生活のなかで「創るしあわせ」「贈るしあわせ」をフェリシモの社員が手助けすることで、お客様と多くの「ともにしあわせになるしあわせ」の経験価値を生み出しています。

通常、通信販売を利用する多くの方は「カタログを見て、欲しい物があれば注文する」という一方向での消費行動を繰り返します。しかし、フェリシモのお客様は、これとは異なります。双方向なのです。

たとえば、カタログで紹介される商品のなかにはお客様が「生活雑貨大賞」という商品企画コンテストの中で応募してデビューした商品や悩みや困りごとから発案されたインナー&ビューティーアイテムがあります。また、地球にやさしいエコライフを提案してくれるエコラ（ecolor）は、モニター制度によって読者のなかから選ばれた〝エコラ暮らし隊員〟という生活者の代表が企画会議に参加して商品化されたものなのです。

つまり、お客様＝生活者とコラボレーションする商品企画が「私も商品づくりに参加している」という連帯感を生みだすのです。

そして先にも紹介した「フェリシモ・コレクション」は、お客様との良質な関係を継続するうえで大きな役割を果たしているでしょう。フェリシモ・コレクションは、頒布会《はんぷかい》にとても近いシステムです。たとえば、お客様がTシャツやボトムなど700以上あるアイテムシリーズから自分の好きなシリーズを選び、サイズ等を登録することでプランナーと呼ばれる社員が選択した商品が自動的に毎月送られてくるシステムです。

一見すると自分で選んでいない商品が届くことに疑問をもたれる方もいるかもしれません。しかし、プランナーがお客様に喜んでもらうために一生懸命に考えて届ける商品を、お客様はあたかも「フェリシモから毎月プレゼントが届く♪」ように、ワクワクして楽しみに待っている人が多いのだそうです。

フェリシモでは、高価な品物をひとつ購入してもらうより、手の届く金額の商品を長期的に購入してもらうことを大切にしています。なぜなら、この長期的に連続性をもって商品を届ける仕組みこそ、フェリシモがお客様と強い絆を築く大きな役割を担っているからです。そして、お客様からいただいたヒントを商品改善や商品化してお返しすることが「ともにしあわせになるしあわせ」、すなわちお客様との信頼形成力につながっていくのです。

フェリシモが育む「共感資本」と価値のらせん的発展

生活者を主役に変えるさまざまな活動

フェリシモは、お客様を主役にするさまざまな取り組みを通じて、しあわせな社会をともにつくる喜びを積極的に提供しています。

たとえば、社会文化活動です。あえて社会貢献活動と呼ばずに「社会文化活動」と呼んでいるのは、単にフェリシモが社会に貢献するのではなく、たくさんの人と〝ともに〟できることをひとつの文化として捉えているにほかなりません。

たとえば毎月100円で、世界中のすべての人々の自立を支援する活動や緑豊かな美しい地球を未来に残す活動、自然災害による被災地支援、子どもたちの未来を応援する活動など、お客様とともにできる活動など19もの活動を支援しています。

一例ですが、「フェリシモの森基金」では、これまでに延べ300万人以上の方が寄付に参加され約2160万本の植林を行い国内34か所の森を再生してきました。「フェリシモ地球村の基金」では、貧困からの自立や自然災害からの救済、復興、応援などこれまでに47か国129のプロジェクト活動を支援してきました。

「四川大地震被災地への支援」は2008年の中国四川で起こった大地震の支援として〝支援Tシャツの販売〟や〝涼山のお米の寄贈〟〝フェリシモ地球村基金〟と協力をして医療活動などの緊急支援を行いました。

現在広報を担当している吉川さんは、入社前はフェリシモのお客様で、こうした社会文化活動に関心があったからこそ入社されたのだそうです。

社会文化活動だけではなく、お客様自身の自己実現のステージを提供する取り組みも行われています。

たとえば、「フェリシモ文学賞」は、お客様の生活から生まれる毎日の何気ない発見や共感などを綴った「生活文学（小説）」を公募し、審査表彰をする制度です。この取り組みは1997年から毎年行われており、全国から世代や性別を超えて毎回数千の応募作品が届き、優秀作は作品集として全国の書店で販売までされています。今ではプロを目指すお客様も現れ、多くの方の可能性を応援しています。

「しあわせの学校」は、お客様の起業に向けた一歩を応援する〝夢をかなえる学校〟として具体的なサポートをしています。たとえば、お客様が自宅にいながら講師になれる〝My検定〟〝My講座〟では、参加費無料でWEB検定を作成したり、1ページから講座を創作できたりとフェリシモがインターネット上に自分を表現したり自分を高めるステージを用意しているのです。また、〝スターフェリシモ・オーディション〟という暮らしの知恵や技で起業を目指すお客様を選考しながら未来のスターを発掘するオーディションもあります。合格者のなかには、講師をされる方や商品企画に携わる方など、さまざまな道で活躍中の方がいらっしゃいます。

これらすべての取り組みは、生活者を主役に変えることで社会への参画意識を高め〝ともにしあわせになるしあわせ〟を〝共に創りだす＝共創〟のらせん的発展につながるものでしょう。そして、こうしたお客様はきっとフェリシモのファンで居続けるに違いありません。

結果、現在では年間の延べお客様数が784万人となり、新規取引の世帯数は年間37万世帯まで広がっています。そして連続性を裏づける指標として「顧客継続率」が85・8％、「年間平均購入回数」は5・7回となっています。

コラム　CSRについて考える

「すべての事業の領域のなかにCSRは存在していて、お客様とともに責任を果たしていくのです」とは、フェリシモのインタビューで確認した言葉だ。

一方、「当社はまだ売上が未達であり、CSRはもう少ししっかりとした経営基盤が整ってから考える」とは、某上場会社のトップが実際に口にした言葉であるが、CSRに関してはこのように、企業によってその捉え方に幅がある。

CSRは元来、個別企業の利益追求最優先に起因する社会的配慮の欠如・不祥事の頻発、それに伴う企業の利害関係者（ステークホルダー）の不利益・被害発生等に対する反省として取り組みが始まった。また、企業フィランソロピーなども、社会に対する企業の利益還元策であり、それ自体が「経営戦略として」位置づけられるような性格のものではなかった。しかし、最近では、「競争優位の確保」と「企業価値向上」のための経営戦略にまで、その範囲を広げている。利益追求最優先の反省として生まれたはずのCSRが、利益追求の手段といわれると多くの人が混乱するのは当然である。

CSRを分類すると、①企業倫理・社会責任領域における、企業存立の重要な要件としての位置づけ（法令遵守や危機管理対策など）、②社会的効果と経営的効果の双方を両立させる投資的な活動としての位置づけ、③社会革新領域で、利益の獲得を第一の目標と据えながらも、事業活動を通じて社会価値を創造するような事業の戦略立案としての位置づけ、などがある。③の例として、環境にやさしい商品を開発して販売することなどは、事業活動自体がCSRと一体になったものといえる。

戦略的CSRの考え方には、株主を中心とした経済的要請と幅広いステークホルダーによる社会的要請があるなかで、その両立を追求し永続させていくためには、CSRにも戦略性が求められるといった意味があるともいわれている。

こうしたことを意識しているかどうかは分からないが、フェリシモは、明らかにCSRを事業そのものと捉えており、某上場会社のトップは、社会に関する還元と捉えている。

しかし、某上場企業のトップのような利益還元にとどめることは、「会社は、企業市民」であるといい、市民社会の一員であると考えると、あまりにもCSRを狭く捉えている。企業市民の前提に立つならば、広く社会的な効果と経済的な効果の両立を目指し広く捉えるべきだろう。

もっとも、企業評価を高めるためだけのパフォーマンスや、ボランティア休暇をとった職員の査定を下げるといった偽物のCSRも存在するから、CSR推進を謳っている会社での不祥事といったことも発生するのだろう。

日本には、昔から近江商人の家訓「三方（売り手・買い手・世間）よし」というCSR的な考え方があるが、まさに、実践活動において、三方よしの前提に立つことが、結局は自社の発展にもつながるといった戦略的CSRの発想そのものなのである。

21世紀をつくる「価値ある企業」事例 ⓬

「アチーブメント」

いじめや差別のない明るい社会をつくる人財教育企業

アチーブメントが創造している「社会共通の価値」

自信を失った日本の社会に

21年間で544回の開催実績（2012年5月末現在）を誇るアチーブメントの看板セミナー「頂点への道（スタンダードコース）」には、丸3日間の長期研修にもかかわらず、いつも数百名もの人が受講し、会場は熱気に包まれます。

この講座を受講する人は、「自分らしい生き方をしたい」「物心共に豊かな人生を歩みたい」という成功願望を持った人たち、「変わりたいのに一歩踏み出す勇気がない」「家族や職場での人間関係がうまくいかない」といった悩みを抱えた人たちです。大学を卒業したばかりの若者もいれば、年配の方まで参加者の年齢層は広く、業界指折りのトップリーダーもいれば、人生に挫折してもがき苦しんでいる人も少なくありません。何を隠そう、執筆を担当した私（鎌田）も、このセミナーの受講者の一人です。

「頂点への道」とは、簡単にいうと、人生理念（価値観・哲学・心情・理念）を土台に、人生ビジョン、目的・目標を設定し、それに沿った生き方を実践するための技術を習得する講座です。この看板セミナーの講師を務めるのは、社長の青木仁志さん。

セミナー開催の前、青木さんは、あらかじめすべての参加者に対して受講の目的を尋ね、そのアンケートに必ず目を通します。事前に参加の目的を明確化するのは、「曖昧な思考からは、曖昧な結果しか生まれない」、つまり「明確な目的・目標がないと、明確な答えを得ることはできない」からだといいます。たとえば、大リーグで活躍するイチロー選手がそうであるように、成功者と認められる人は、それぞれの目的・目標に沿って優先順位をつけ、日々の実践に力を尽くしています。青木さんは、成功における必須要素を、セミナー開始の前から参加者に意識づけているのです。

あるとき、壇上で講演する青木さんは、目の前にいる受講生にこう語りかけました。

「Aさん、貴方がなぜここに来たのか、その理由を読みました。今日は、よく来てくださいました。私の著書を読んで、よく死を選択することを思いとどまってくださいました。私は、Aさんが、ここに来てくださったことに心から感謝します。貴方は、自ら変わることを選択しました。〝貴方は、貴方が思うとおりの人間に必ずなれます！〟」とその方に希望と勇気を与えたのでした。

私たちの社会を構成しているのは人です。しかし、経済の発展とは裏腹に人と人との関係性は軽視され、成長どころかむしろ荒廃しているといってもいいでしょう。日本では、経済的理由や健康上の理由などから、自らの尊い命を絶つ人が年間で3万人を超えています。交通事故による死亡者数の実に6倍、先進国のなかでももっとも高い自殺率となっています。それだけではありません。ストレスなどでうつ病（鬱病）や躁うつ病（躁鬱病）にかかる人が21世紀に入って急激に増えているのです。幼児虐待やＤＶ（ドメスティックバイオレンス）など、もっとも身近にいて愛されるべき家族から虐待を受けるという荒んだ人間社会の一面があるのも事実です。日本は、決して心豊かな国とはいえないのです。

青木さん自身も、想像が及ばない幾多の挫折経験をしています。それだけに、心の悩みを抱える人の境遇が他人ごととは思えないのでしょう。「もはやこれ以上、人を軽視する社会を放っておくわけにはいかない。人財教育を通じて、一人ひとりを成功に導き、一人ひとりが輝きを放ち、いじめや差別のない明るい社会をつくる」。これがアチーブメントが生みだす社会的価値なのです。

アチーブメントが大切にしている「目に見えない企業資源」

理念経営を求心力に〝限界突破〟に挑戦する社員を育成する

M・トレーシー&F・ウィアセーマの名著『ナンバーワン企業の法則』（日経ビジネス人文庫）では、マーケットリーダーになる企業は、次の3つに分類されると分析しています。

①オペレーショナル・エクセレンス：平均的な製品を最良の価格で、もっとも便利な方法で提供する仕組みを持つ会社
②製品のリーダーシップ：性能、品質をとことんまで追求した製品を提供する会社
③カスタマー・インティマシー：顧客との親密性を徹底的に追求する会社

こうした視点でアチーブメントを見ると、②製品のリーダーシップ、③カスタマー・インティマシーの両面において卓越した会社といえるでしょう。つまり、〝選択理論を土台にした各種教育プログラムの品質〟と、〝顧客との上質な関係を築く社員一人ひとりの人財育成力〟、そして①〜③のすべての要素に共通する〝経営理念の力〟、その全体を構成する〝戦略的ブランディング〟が、アチーブメントの競争力の源泉だと分析しています。

なかでも、企業資源の中心となるものは、経営理念力とそれを土台にした人財育成力でしょう。初めて会ったとき、インタビューの途中で青木さんはこう話しました。

「アチーブメントの経営理念は、『上質の追求』です。『上質の追求』とは、人財教育を通じてお客様の真の成功に貢献し、社員が物心ともに幸福であり、いじめや差別のない明るい社会をつくることです。そして、私にとって社員は、家族です。心から社員を愛しています。社員の成功そのものが、私の成功なのです」

「企業は人なり」といいますが、会社は、そこで働く人の質と、その成長で決まります。そして、その求心力となるのが、当社は、〝誰のために〟〝何のために〟存在するのか、という目的、もっとも大切にする価値観、すなわち「経営理念」です。アチーブメントは、この経営理念が、経営者だけではなく社員の心の奥深くに息づいているのです。

青木さんとのインタビューがひととおり終わった後、新入社員を含めて5名の社員さんにお話を伺う機会を頂きました。会社の考えや自らの意見をしっかりと伝える若い社員の生き生きとした姿は、アチーブメントの社員教育の水準の高さを証明するに、余りあるものでした。

社員の質の高さを感じるのは、私自身の経験からもあります。たとえば、私の成功をサポートしてくれる担当コンサルタントのGさんは、「私の成功に貢献できること」をいつも考えてくださっています。

2011年に私は、「成功のために何か貢献できることはないですか?」というGさんの一言をきっかけに、アチーブメント出版から著書の出版の機会をいただきました。さらに、青木さんとのコラボレーションで出版記念講演会も実現しました。出版や出版記念講演会を企画することは、Gさんの直接的な成績になるわけではありません。しかし、多忙ななか社員の皆さんと協力して、あらゆる段取りを組んでくださいました。出版記念講演会では、場を盛り上げるために、鎌倉投信が今に至る過程をスライド写真にして流してくださいました。おそらく、社員の皆さんの協力をいただきながら、深夜までかかって準備してくださったのです。そのことは当日の様子をみて分かりました。私は感動のあまり涙がこぼれ落ちそうでしたが、涙を流して壇上に上がるわけにもいかず、途中からはそのスライドを見ることができませんでした。このご恩は生涯忘れることはありません。そして、必ずご恩返しをすると心に決めています。

青木社長の実体験から培われた経営理念の力

青木さんが、「人財教育を通じて、いじめや差別のない明るい社会をつくる」ということに並々ならぬ覚悟を持っているのには、青木さんご自身の幼少時代の経験、環境が大きく影響していることでしょう。

青木さんは、北海道函館に生まれ、3歳のときに両親が離婚します。実のお母さんは、家を出ていき、お父さんと義理のお母さんのもとで育てられました。しかし義理のお母さんは実の娘ばかりをかわいがり、その当時は辛い想いをしたそうです。学校に持っていく弁当もなく、校庭の水道で空腹を満たす学校生活を送っていました。

そうした環境に耐えることができず、17歳で家出。身寄りもないなか、東京都八王子市にある鉄工所で溶接工見習として働きはじめ、社会に出ることになりました。お金もない、学歴もない、自信もない、夢もない、ないないづくしの自分を否定し、みじめな想いで生きていたと、青木さんは当時を振り返っています。

しかし、ある日を転機に青木さんの人生は変わります。青木さんが家出をしたという噂が実のお母さんの耳に入り、探し出してくれたのです。探し出す手がかりになったのは、青木さんがおじいさんにしたためた、たった一枚の葉書、その消印だけを頼りに半年かけて探しまわり、ついに八王子の鉄工所で働く青木さんに出会ったのだそうです。

「仁志かい？　本当に仁志かい？」といって泣きながら抱きしめてくれたのだそうです。まさに母の無償の愛です。その自分を認めてくれるお母さんの無償の愛をきっかけに、青木さんは、こんな自分でも大切に思ってくれる人がいる、自分には価値があるのだ、と自己概念を高く持つように心境を変化させていったのです。

そして、その後も幾多の失敗を繰り返しながらも、国際企業ブリタニカでトップセールス・トップマネージャーとなり、能力開発コンサルタント会社で経営に携わった後、アチーブメントを創業します。青木さんから感じる愛の深さは、もともと先天的に持っていたものでしょう。それが、実のお母さんの無償の愛によって開花したのだと思います。

「人は、誰でも自分の思ったとおりの人になれる。人は、誰でも成功者になることができる」。そう命をかけて訴える青木さんの想いの原点は、天から与えられたこうした逆境の経験のなかにあるのかもしれません。過去に受けたさまざまな厳しい経験にも感謝をし、すべての出来事を自分の責任として受け止めることで、厳しい逆境がかけがえのない財産になったのだと思います。すべてを受け入れるということは、なかなかできることではありません。本当に頭が下がる思いでいっぱいです。

理念経営を全社員に浸透させる、縦横無尽に張りめぐらされた仕組み

経営理念を掲げる会社は少なくありませんが、実践を通してそれに命を吹き込んでいる会社は多くありません。大切なことは、その浸透力と実践力であり、アチーブメントは、その両者において卓越しているのです。

アチーブメントにおける経営理念の浸透力は、徹底した明文化、可視化、言語化から生まれています。毎朝全社員を集めての朝礼、週初めと月初、さらには四半期ごとに開催される全体会議……そのたびごとに、青木さんは全社員を前にして何度も繰り返し理念を語り、ビジョンを語り続けるのです。そして、全員で経営理念を唱和します。これらはほんの一例に過ぎませんが、経営理念の浸透に、かなりの時間が費やされていることが分かるでしょう。

こうして共有化された経営理念は、さまざまな仕組みを通じて、日々の実践力の向上に

結びつけられます。たとえば、人事評価で目的・目標・成果を明確にし、オリジナルの手帳で日々の行動を効果的にマネジメントします。さらに、「頂点への道」講座などの教育システムのなかで、実践に向けた思考能力が鍛えられるのです。

ノルマがないのもアチーブメントの特徴です。そのかわり、会社の名前が示すとおり、自己の目標、決めたことをやり遂げることが最大の評価要素です。もちろん、平凡な目標を設定する社員など、この会社にはいません。会社や顧客の期待を超える課題を、当然のように自らに課すのです。

「自分に厳しいチャレンジを課すのは大変でしょう」と質問すると、社員の皆さんは、ニコニコしながら、顧客の成功や自分の未来について語りはじめます。なぜなら、社員さんには、もっと大きな目標や夢があるからです。手帳を見せてもらうと、10年先に達成する大きな目標や日々実践する事柄がびっしりと書き記されています。

「成功とは、社会正義に反することなく、他の人々の基本的欲求充足の手助けをしながら、自己の定めた目的・目標を自らの意思で達成していく道程のことである」という青木さんの言葉を自分のものとして実践しているのです。

アチーブメントが育む「共感資本」と価値のらせん的発展

アチーブメントの数ある人財教育プログラムのなかでも、『頂点への道』シリーズは、21年連続で開催され、その受講生は2万人を超えています。新規受講生のうち90％近くが口コミや紹介という驚異的な数字は、受講生の満足度の高さの証明ともいえるでしょう。そして、『頂点への道』スタンダードコースは、1回受講して終わりではなく、3年間で6回の再受講が可能です。さらに、パーソナルコンサルタントが受講生一人ひとりの成長をサポートしています。

利益を最優先に考えたら、ここまで細やかなフォローアップ・システムを構築することはできません。こうしたことからも「すべての受講生を必ず成功者にする！」という、青木さんアチーブメント全社員のなみなみならぬ想いを感じます。そして、受講者を成功者に導くことによって、顧客が自らの成功体験を語り、そして良き伝道者となるのです。セミナーには、今までの受講者がアシスタントとして参加しています。社外の立場であるにもかかわらず、無償で、しかも3日間も仕事を休んで参加するわけですから、いかに価値観に共感しているかが分かります。

また、アチーブメントは、世界最高峰のモータースポーツにかかわる日本フォーミュラースリー協会のシリーズメインパートナーです。また、独自の人財教育プログラムを通じたF1ドライバーの育成にも取り組んでいます。わずか100人程度の会社がこうしたパートナーに選ばれるということは、その存在価値が社会から認められていることの証でしょう。青木さんにとっては、世界最高峰を目指して、これからも進化するという決意、いわば北斗七星を社員に示したということにほかなりません。

こうした活動は、良い人財の確保にもつながっています。日本経済新聞社クロスメディア営業局が2013年春卒業予定の就職活動生を対象に実施した『就職希望企業調査』(2012年2月28日発表)においては、名だたる大企業を差し置き「就職希望企業ランキング」で総合109位、業種別ランキングの「サービス業・その他」で15位にランクインしました。2012年度は、13人の採用に対して、25万2738人のエントリーがあったというから驚きです。社員数100人未満の会社としてはナンバー1の注目度となっているのです。

経営理念を土台に、価値観を共有し得る良い人財を採用し、徹底した社員育成プログラムによって「商品開発」「サービスの質」の向上に貢献する。そして、顧客を成功に導き、顧客は自らの能力を高めることによって自己の役割責任において社会に貢献する。それがまた、アチーブメントの価値を向上させる。

経営理念を土台にした人・商品・サービスの一貫性のある事業運営が、社員や顧客との共感軸を創造し、らせん的発展につながっているのです。

コラム なぜ100名強の会社に2万名を超える学生がエントリーするのか？

アチーブメントに学生が訪れる理由の多くは、口コミだ。2万名がエントリーするほど口コミが起こる理由の一つには、徹底的に学生と向かい合い、生きがいややりがいを実感してもらいながら選考する、独自の採用システムがある。

選考期間中、採用試験に挑む学生たちに、同社のある研修プログラムの資料が手渡される。そして、約3週間後、同社のスタッフが顧客役を務める、いわゆる営業のロールプレイングが行われる。学生は本番まで頻繁に会社訪問をし、同社社員から研修プログラムの詳しい説明を受けたり、営業のロールプレイングのビデオを見たりしながら、本番の「営業」に備える。そして、同社の自社商品（研修プログラム）を営業する、というシチュエーション設定による「体感型」選考を行うのだ。

なぜ、こうしたプロセスをとるかといえば、その学生が本当にやりたいことと、アチーブメントの仕事が合っているのか、しっかりと判断してもらうためだ。アチーブメントとしては学生の能力を見極める選考フローの一つではあるが、学生にとってそのプレゼンテーションを行うプロセスは、「同社が提供している価値の体感、そして理解への近道」となるというわけだ。

近年、入社後のミスマッチ等による若手社員の早期退職が多くの企業で問題になっている。自分自身の人生の目的が明確でない学生も多いというが、同社の場合、リクルーターとなる社員が常に「なぜ仕事をするのか」「一度の人生をどう生きるか」を学生に徹底的に問いかけ、本当に自分が求めていることから就職先を選ぶことを促している。そこで「本当にやりたいこと」を導きだした学生がアチーブメントの仕事をリアルに体験すると、自分が入社後に行う仕事を十分に理解すると同時に、やりがいを感じることが疑似体験できるため、本質的な動機形成がなされたうえでの入社となるのだ。当然、「入社前とのイメージが違う」というミスマッチは極めて少なく、定着率も高い。

「なぜ、これほど口コミだけで入社希望の学生が殺到するのか?」であるが、注目すべきは「口コミの発信源」の多くが、前年や前々年に同社の入社試験を受けたものの、採用には至らなかった新卒学生たちであることだ。つまり多くの学生が、アチーブメントが学生に向き合う姿勢や、同社が社会に与える価値に共感している、ということである。学生も、内定の良し悪しが価値基準ではそもそもなくなっているのである。

つまり、人気のポイントは、採用試験が単なる選考の場ではなく、課題を通じて仕事をする目的意識をつかみ、仲間との協働やお客様に喜んでもらう充足感を体感することにある。そのため、たとえ内定が出なかったとしても、学生にとっては周りと共有したくなるような貴重な体験となるため、後輩に伝えるといった口コミになっていくのだ。

現に2010年度は、一人でも多く集めるのではなく、一人ひとりと真剣に向き合うことをテーマに、求人広告に頼らない口コミだけでの新卒採用活動を行ったが、約8000人もの学生がエントリーし、最終的に10人が内定したという。

大手有名企業に学生の応募が集中し、中小企業に人が集まらない構図がある。また採用できたとしても、平均すると入社3年以内に30%が退職していく状況もある。そうした近年の事情を考えるとき、アチーブメントの理念経営を土台とした採用の考え方ややり方は、大いに参考になるのではないだろうか。

なぜ今、共感資本なのか？

当初、価値研での研究成果は、データの解析を中心に、報告書のような形でまとめようと考えていました。しかし、多くの価値ある企業を訪問し、その経営者や社員の皆さんの話を聞くうちに、目に見える現象を生みだしている「目に見えない価値」を、文章でつづるほうが大切だと感じるようになりました。

７１２社から得た貴重なアンケート結果を基に抽出した、〝高収益企業に見られる共通の要素〟は、次の4点でした。

「社会共通価値の創造」
「目に見えない３つの企業資源（経営理念力、人財育成力、信頼形成力）」
「３つの企業資源が生みだす〝共感資本〟」
「共感資本を媒体にした価値のらせん的発展」

そして数多くの企業訪問を通じて、こうした4つの要素を持つ、さまざまな企業の存在も知ることができました。

そうした企業のなかには、現時点では収益としての目に見える成果を上げていない企業も少なくありません。また同業者や社会の常識からみたら異端児であることも多々あります。

本書では、完成度の高い企業だけではなく、あえてそうした未完成な企業も含めて紹介しました。なぜなら、たとえ現時点で未完成であったとしても、価値ある企業の共通要素を持った取り組みのなかに「未来を切りひらくヒント」が必ず隠されていると考えたからです。そして何よりも、事業のなかに「共感資本」を媒体とした社会共通の価値のらせん的創造があったからです。

しかし、そもそも「共感」とはいったい何なのでしょうか?

第二章でご紹介したスワンの社長である海津さんは、共感と同情の違いを次のように表現しました。

「たとえば一般的な健常者が、街角で手がない人を見たら、〝あの人は手がないな。大変だな。自分がならなくて良かった〟と思うでしょう。これは同情です。

しかしスワンのスタッフはこう思うのです。〝あの人は手がないな。大変だな。どうやって一緒に仕事しようか？〟」これを共感というのです」

「同情」と「共感」。近いニュアンスとして使われることが少なくないこの2つの言葉は、本質的に全く異なるものです。

「同情」は「自分と他者を差別する意識」があります。〝自分には関係ない〟と無意識に関係性を分断しているのです。

一方、「共感」はというと、こうありたいと願う自分の姿や願望をその人を重ね合わせて観ることです。だからこそ、「共感」には、ずんと人を突き動かす強い力が存在するのです。

経済を発展させる社会から社会を発展させる経済へ

じわりと沁みわたるような共感が、人を動かす強い力になっているのは、今日本がおかれた状況とも無縁ではないでしょう。

日本は、バブル崩壊後、「失われた20年」「長引く不況」と呼ばれて久しくなります。しかしそれは正しい表現ではありません。時代の変革期、経済や社会の構造ががらりと変わろうとしている真っただ中にいるのです。

経済や企業経営のあり方も、その時代背景によって変わっていきます。社会が、モノ不足からモノ充足を必要とした20世紀は、お金を資本にして設備を増やして物やサービスを生みだし、それを広めることで経済的な富を得てきました。その結果、私たちは、衣・食・住と必要以上のモノに満たされた社会を手に入れました。

しかし、なぜかそれによって人の心が満たされることはありませんでした。むしろ、人心は荒廃しているといってもいいでしょう。

経済活動を通じて社会を豊かにするはずの企業、それを支える金融資本は、いつのまにか短期的な利益を追い求め、自らの〝想い〟〝あり方〟ではなく、利益をいかに生みだすかという〝やり方〟ばかりに目を向けるようになりました。その理念なき経営思想は、競争原理という名のもとに他社との比較優位を競い、同じ目的・目標に向かって夢を追うはずの社員同士をいたずらに競わせ、その結果、自分というものの存在価値そのものを見失ってしまいました。近視眼的な効率主義や利益志向は、人と人との関係性を分断し、伝統や文化を壊し、地域に根ざした良き風土までも風化させてしまったのです。

これからの日本は、〝経済を発展させる社会〟ではなく、〝社会をよりよくする経済〟への転換が求められるでしょう。つまり、物と心とが調和した豊かな社会、とりわけ、経済発展の裏側で犠牲にしてきた人と人、人と社会とのかかわりあい、自然や地球環境との調和といった「社会共通の価値」の再生にほかなりません。そこに、つながりを広め、関係性を深める共感力が求められるのです。

本物が耀く時代

私（鎌田）は、名だたる大企業のリーダーを育成している大久保寛司さんの『考えてみる』（文屋刊、２０１０）に出ているこの詩が大好きです。

～　本物が耀く時代　～

すばらしい時代が訪れました
「本物」が耀く時代になりました
「偽物」が消えていく時代になったのです

自ら光を発していない存在は
周りが暗くなると同時に己の存在が消えていきます
自ら光を発している存在は
周りの暗さに影響を受けません
周りが暗くなればなるほど
より一層　耀きをますのです

人も企業も同じです

存在の価値は
厳しい環境でこそ問われます

歴史を振り返ると、連続する長い時間の流れのなかで、人の意識や社会の枠組みが大きく変わる瞬間があります。今までの社会システムの枠のなかで、私たちの潜在意識にある欲求の総和が、その枠内に収まりきらなくなって顕在化するときです。

近代を例にとると、明治維新。

その後、富国強兵を柱として日本が近代国家への道を歩みはじめたとき。

次に、第二次世界大戦とその敗戦。

戦後の焼け野原から経済復興への道を駆けのぼりはじめたとき。

そして、バブル崩壊以降、未来に向けた新しい社会のあり方を見つけるためにもがき苦しんでいる「今」が、そのときなのかもしれません。


今は、こうすれば利益を出せる、成功するといった〝方程式も解もない時代〟です。価値ある企業とは、言葉を変えると、先を見通しにくい混沌とした時代にあって、自らのあり方、自らの存在を確固として持った小さくても輝きを放つ企業なのかもしれません。

〈参考文献〉

・『企業戦略論　競争優位の構築と持続』
ジェイB.バーニー著　ダイヤモンド社

・『流れを経営する　持続的イノベーション企業の動態理論』
遠山亮子、平田透、野中郁次郎著　東洋経済新報社

・『共通価値の戦略』
マイケル　E.ポーター著　DIAMONDハーバード・ビジネス・レビュー

・『日本でいちばん大切にしたい会社』
坂本光司著　あさ出版

・『なぜこの会社はモチベーションが高いのか』
坂本光司著　商業界

・『経営者の手帳 働く・生きるモノサシを変える100の言葉』
坂本光司著　あさ出版

・『元気な社員がいる会社のつくり方』
小林秀司著　坂本光司監修　アチーブメント出版

・『外資金融では出会えなかった　日本でいちばん投資したい会社』
鎌田恭幸著　アチーブメント出版

・『感動する会社は、なぜ、すべてがうまく回っているのか？』
藤井正隆著　マガジンハウス

・『トイレ掃除の経営学―Strategy as Practiceアプローチからの研究』
大森信著　白桃書房

・『働く幸せ―仕事でいちばん大切なこと―』
大山泰弘著　WAVE出版

・『ナンバーワン企業の法則―勝者が選んだポジショニング』
M・トレーシー＆F・ウィアセーマ著　日経ビジネス人文庫

・『21世紀の成功心理学』
青木仁志著　アチーブメント出版

・『福祉を変える経営～障害者の月給1万円からの脱出』
小倉昌男著　日経BP社

・『日本をロハスに変える30の方法 ― BUSINESS LOHAS』
大和田順子著　講談社

・『日本の魚は大丈夫か―漁業は三陸から生まれ変わる』
勝川俊雄著　NHK出版新書

・『考えてみる』
大久保寛司著　文屋

〈執筆者一覧〉

■ 価値ある企業の指標の策定に関わる共同研究会メンバー座長

坂本光司　法政大学大学院政策創造研究科教授、
法政大学大学院静岡サテライトキャンパス長

■ 価値ある企業の指標の策定に関わる共同研究会メンバー

[第一章＋おわりに 執筆者、第二章編集協力者]

鎌田恭幸　鎌倉投信株式会社　代表取締役社長

[第一章編集協力者]

新井和宏　鎌倉投信株式会社　取締役資産運用部長

[第二章（コラム）執筆者、第二章編集協力者]

藤井正隆　法政大学大学院　中小企業研究所　特任研究員
（株式会社イマージョン　代表取締役）

[第二章（企業事例）執筆協力者（役職・肩書きは執筆時点のもの）]

岡野哲史　法政大学大学院　政策創造研究科　修士課程（税理士岡野哲史事務所）
門田正己　法政大学大学院　政策創造研究科　修士課程（MON株式会社　代表取締役）
亀井省吾　法政大学大学院　政策創造研究科　修士課程
（株式会社ユナイテッド・エス　代表取締役）
小林秀司　法政大学大学院中小企業経営革新研究所　特任研究員
（内閣府委嘱地域活性化伝道師）
今野剛也　法政大学大学院　政策創造研究科　修士課程（光誠工業株式会社　取締役）
清水洋美　法政大学大学院　政策創造研究科　修士課程（株式会社ディアナ　代表取締役）
鈴木良夫　法政大学大学院　政策創造研究科　修士課程（アタックスグループ　顧問）
高澤暢　法政大学大学院　政策創造研究科　修士課程
（ITコンサルタント・ネッスルドルマCEO）
徳丸史郎　法政大学大学院　政策創造研究科　修士課程
富永治　法政大学大学院　政策創造研究科　修士課程（公認会計士）
中村大作　法政大学大学院　政策創造研究科　研究生（社会起業大学　学長）
野口具秋　法政大学大学院　中小企業研究所　特任研究員
平松きよ子　法政大学大学院　中小企業研究所　特任研究員（株式会社たこ満　相談役）
望月輝久　法政大学大学院　政策創造研究科　修士課程
（株式会社望月ネームプレート　専務取締役）

21世紀をつくる 人を幸せにする会社

発行日　2012年6月15日　第1刷

Author　坂本光司＋価値研
（価値ある企業の指標の策定に関わる共同研究会）

Book Designer　轡田昭彦＋坪井朋子
Illustrator　星礼菜（ラグーナ出版）

Publication　株式会社ディスカヴァー・トゥエンティワン
〒102-0093　東京都千代田区平河町2-16-1　平河町森タワー11F
TEL　03-3237-8321（代表）
FAX　03-3237-8323
http://www.d21.co.jp

Publisher　干場弓子
Editor　千葉正幸

［Marketing Group］
Staff　小田孝文　中澤泰宏　片平美恵子　井筒浩　飯田智樹
佐藤昌幸　鈴木隆弘　山中麻吏　猪狩七恵　古矢薫
伊藤利文　米山健一　原大士　井上慎平　芳賀愛　郭迪
蛯原昇　中山大祐　林拓馬　本田千春
Assistant Staff　俵敬子　町田加奈子　丸山香織　小林里美　井澤徳子
古後利佳　藤井多穂子　片瀬真由美　藤井かおり　福岡理恵
葛目美枝子　小藤田呂美

［Operation Group］
Staff　吉澤道子　小嶋正美　松尾幸政　千葉潤子　鈴木万里絵
福永友紀
Assistant Staff　竹内恵子　熊谷芳美　清水有基栄　小松里絵　川井栄子
伊藤由美　リーナ・バールカート

［Productive Group］
Staff　藤田浩芳　原典宏　林秀樹　石塚理恵子　三谷祐一
石橋和佳　大山聡子　徳瑠里香　堀部直人　田中亜紀
大竹朝子　堂山優子　山﨑あゆみ　伍佳妮

［Digital Communication Group］
Staff　小関勝則　谷口奈緒美　中村郁子　西川なつか　松原史与志

Proofreader　文字工房燦光

Printing　大日本印刷株式会社　丸吉日新堂印刷（しおり）

ISBN978-4-7993-1172-1